GESCHENK FÜR
VON
DATUM

ICH WILL MIT Jesus leben

BIBEL-Bilderbuch

JUDAH UND CHELSEA SMITH

ILLUSTRIERT VON Alexandra Ball

Aus dem Amerikanischen von Bettina Krumm.

Die Deutsche Nationalbibliothek verzeichnet diese Publikation in der Deutschen Nationalbibliografie; detaillierte bibliografische Daten sind im Internet über https://dnb.de abrufbar.

Bibelzitate, sofern nicht anders angegeben, wurden der »International Children's Bible« (© 1999 by Thomas Nelson) entnommen und aus dem Englischen übersetzt.
Alle Bibelübersetzungen wurden mit freundlicher Genehmigung der Verlage verwendet.

EÜ *Einheitsübersetzung*, © 1980 Kath. Bibelanstalt GmbH, Stuttgart.
GNB *Gute Nachricht Bibel*, © 2000 Deutsche Bibelgesellschaft, Stuttgart.
HFA *Hoffnung für alle*, © by Biblica, Inc.®, hrsg. von Fontis.
NEÜ *Neue evangelistische Übersetzung*, © Karl-Heinz Vanheiden.
NLB *Neues Leben Bibel*, © 2006 SCM R.Brockhaus, Witten.
ÜFK *Die Bibel - Übersetzung für Kinder*, © 2016 Deutsche Bibelgesellschaft, Stuttgart.

Corporate Design und Satz: Gabriel Walther – www.gabrielwalther.com
Lektorat: Sonja Yeo, Gabriele Kohlmann
Druck: Westermann Druck Zwickau GmbH
Printed in Germany

1. Auflage 2021

ISBN 978-3-95933-035-0, Bestellnummer: 372035

www.gracetoday.de

FSC www.fsc.org
MIX
Papier aus verantwortungsvollen Quellen
FSC® C110508

Für Zion, Eliott und Grace

Ihr drei seid das Beste in unserem Leben. Die bedingungslose Liebe, die wir für euch empfinden, gibt uns die bestmögliche Vorstellung davon, wie sehr unser Vater im Himmel uns liebt.

Für Kinderdienstmitarbeiter auf der ganzen Welt

Ihr seid wahre Helden. Ihr seid bereit, euer Leben einzubringen, um Kindern zu zeigen, wer Jesus ist, und sie in Gottes Wort zu unterrichten. Falls ihr es noch nicht oft genug zu hören bekommt – vielen Dank dafür! Und besonders danke ich Damon und Kristine; Gina; Jon und Natalie; Wes und Alyssa; Trevor; Debbie; und Braylon und Carli, dem Kinderdienstteam unserer *Churchome*: Ihr seid die Besten! Möglicherweise sind wir ein wenig voreingenommen – aber es stimmt! Wir sind so froh, dass ihr unseren Kindern dient.

ALTES TESTAMENT

NEUES TESTAMENT

LIEBE ELTERN,

unser Leben ist ziemlich verrückt. Wenn ihr Kinder habt, wisst ihr, was ich meine. Zwischen Kindern, Gemeinde, Mahlzeiten, Sport, pastoralen Aufgaben, dem Bücherschreiben und allem anderen fühlt es sich manchmal so an, als hätte der Tag nicht genügend Stunden, um noch etwas Anderes hineinzuquetschen. Warum nehmen wir uns also trotzdem die Zeit für dieses Projekt? Weil wir als Eltern wissen,

dass wir auf dieser Erde nichts Wichtigeres tun können, als unsere Kinder darin anzuleiten, mit Jesus zu leben.

Jeden Abend vor dem Zubettgehen beten wir für unsere Kinder Zion, Eliott und Grace. (Zumindest fast jeden Abend – wenn wir zuhause sind und noch Kraft dazu haben!) Wir beten immer eine Abwandlung des folgenden Gebets: „Jesus, lass sie sehen, wie du sie jetzt gerade anlächelst. Zeig ihnen, dass du dich immer über sie freust."

Während Judah an den Kapiteleinleitungen gearbeitet hat und ich an den biblischen Geschichten, haben wir uns mit vereinten Kräften darauf konzentriert, den Kindern das Bild eines liebenden Jesus zu vermitteln, der sie anlächelt. Unser Wunsch ist es, das Evangelium in eine kindgerechte Sprache zu übersetzen, um Kindern zu helfen, von klein auf in ihrem Glauben zu wachsen, und sie dafür zu begeistern, den Rest ihres Lebens mit diesem Jesus zu verbringen!

Wir sind dieses Projekt eher aus der Sicht von Eltern angegangen als aus der von Pastoren – denn unsere wichtigste Aufgabe besteht darin, Eltern zu sein. Wir haben unser ganzes Herz in dieses Buch gesteckt und wir beten dafür, dass es Jesus – auf eine einfache und wunderschöne Weise – so zeigt, wie wir selbst ihn kennen – und lieben gelernt haben, damit sowohl Kinder als auch Eltern sich für immer in ihn verlieben.

— Judah und Chelsea Smith

ALTES TESTAMENT

DIE SCHÖPFUNG

Als ich noch ein Kind war, lachten meine Freunde und Cousins mich einmal aus. Sie sagten: „Du hast den größten Kopf, den wir je gesehen haben!"

Anfangs fühlte ich mich deswegen schlecht. *Stimmt mit meinem Kopf wirklich etwas nicht?*, fragte ich mich. Aber dann dachte ich daran, dass Gott mich genau so gemacht hat, wie ich bin. Und dass er mich genau so liebt, wie ich bin!

Als Gott die Welt erschuf, machte er alles genau so, wie er es wollte – die Sterne, die Tiere, die Bäume, die Blumen. Aber noch mehr als all diese tollen Dinge machte er *dich* und *mich* genau so, wie er uns haben wollte! Und wir sind der liebste Teil seiner Schöpfung.

Gott sah alles an,
was er gemacht hatte:
Es war sehr gut.
1. Mose 1,31 NEÜ

GOTT ERSCHAFFT ALLES

AUS 1. MOSE 1 – 2

Alles fing mit Gott an. Gott war schon da, bevor es Pflanzen, Menschen und Planeten gab. Gott beschloss, die Erde zu erschaffen und alles andere, was es im Weltall gibt. Als Erstes erschuf er das Licht. Das war am ersten Tag. Am zweiten Tag machte er den weiten blauen Himmel, der g-a-a-a-a-anz hoch über unseren Köpfen ist. Am dritten Tag machte er Meere, in denen man schwimmen kann, Strände, an denen man Sandburgen bauen kann, den Erdboden, auf dem man laufen kann, Blumen, die man riechen kann, und Bäume, auf die man klettern kann.

Am vierten Tag erschuf Gott die strahlend gelbe Sonne, den kühlen weißen Mond und die winzigen Sterne, die am Nachthimmel funkeln.

Am fünften Tag machte Gott die Fische und Haie und Wale und alles andere, was in den Meeren herumschwimmt (*plitsch-platsch*). Dann machte er die Vögel, die am Morgen singen und den ganzen Tag über hoch am Himmel fliegen (*piep, piep*).

Am sechsten Tag machte Gott zuerst die Tiere, die auf der Erde leben, wie zum Beispiel Katzen (*miau*) und Hunde (*wuff!*) und Löwen (*ROAAR!*) und Giraffen (welches Geräusch machen eigentlich die Giraffen?). Danach machte Gott den Teil, der in der Schöpfung ganz besonders ist – den Menschen. Gott erschuf einen Mann und eine Frau – und er hatte beide sehr lieb. Als Gott fertig war, sah er sich um. Ihm gefiel, was er geschaffen hatte. Es gefiel ihm sogar sehr. „Es ist sehr gut“, sagte er. Und dann beschloss er, sich einen Tag frei zu nehmen, um all die tollen Dinge zu genießen, die er gemacht hatte.

GOTT IST UNSER FREUND

AUS 1. MOSE 1 – 2

Als Gott am Anfang die Erde erschaffen hat, lebte dort noch niemand. Darum sagte Gott: „Ich habe eine tolle Idee! Ich werde Menschen machen. Sie sollen meine Freunde sein.“ Gott fing an und machte den ersten Menschen. Er nahm eine Handvoll Erde und blies hinein. Plötzlich wurde daraus ein echter Mensch! Gott nannte ihn Adam.

Gott gab Adam einen wunderschönen Garten, in dem er leben sollte. Der Garten hieß Eden. Dort gab es grünes Gras, blaue Flüsse, freundliche

Tiere und Bäume mit vielen leckeren Früchten. Alles roch frisch und sauber und neu. Das war Adams Zuhause und es war wunderbar.

Doch Adam war einsam. Gott sagte: „Adam, du brauchst eine Freundin. Ich werde dir eine Frau erschaffen!" Während Adam schlief, nahm Gott eine seiner Rippen und machte daraus eine Frau. Adam nannte die Frau Eva.

Adam und Eva waren füreinander geschaffen. Sie hatten einander und Gott sehr lieb.

Gott hatte sie auch sehr lieb und er verbrachte gerne Zeit mit ihnen in dem Garten, den er für sie gemacht hatte.

Gottes ganze Schöpfung war gut, aber das Beste daran war, dass Gott und seine Menschen zusammen waren und dass sie Freunde waren.

EINE SCHLECHTE ENTSCHEIDUNG

AUS 1. MOSE 2 – 3

Gott hatte Adam und Eva lieb und sie hatten Gott lieb. Sie waren Gottes Freunde und taten nie etwas Böses. Gott sagte zu Adam und Eva: „Ich will, dass ihr glücklich und geborgen seid. Ich habe den Garten Eden für euch gemacht. Ihr dürft die Früchte von allen Bäumen essen – außer von dem dort drüben. Wenn ihr die Früchte von diesem Baum esst, werdet ihr bestraft werden."

Eines Tages sah Eva eine Schlange. Und dann geschah etwas Verrücktes. Die Schlange sprach mit ihr!

„Eva“, sagte die Schlange, „isssssss ruhig die Frucht von dem Baum, auch wenn Gott gesssssssagt hat, ihr sssssssollt es nicht tun. Diese Frucht wird euch sssssso klug machen wie Gott.“ Adam und Eva wussten, dass sie sie nicht essen sollten, aber sie taten es trotzdem. Plötzlich waren sie nicht mehr so fröhlich. Sie fühlten sich schrecklich!

Gott rief nach ihnen: „Adam und Eva, wo seid ihr?“

Aber anstatt mit Gott zu sprechen, wie sie es sonst immer getan hatten, rannten sie vor ihm weg und versteckten sich. Sie waren traurig, schämten sich und hatten Angst.

Gott war auch traurig. Er sagte zu Adam und Eva: „Ich habe euch lieb. Aber ihr müsst bestraft werden, weil ihr nicht auf mich gehört habt. Ihr müsst den Garten für immer verlassen. Ihr werdet erleben, was Schmerzen sind, und eines Tages werdet ihr sterben.“

Gott hatte Adam und Eva immer noch lieb, und er kümmerte sich immer noch um sie. Er versprach ihnen sogar, dass es eines Tages keinen Schmerz und keinen Tod mehr geben würde. Unser guter und mächtiger Gott hatte einen Plan, wie er allen Menschen auf der Welt helfen wollte, auch denen, die noch später kommen sollten.

ICH WILL MIT JESUS LEBEN

Kannst du dich daran erinnern, dass du mal etwas falsch gemacht hast und dann Ärger bekamst? Das ist überhaupt nicht lustig! Vor allem der Teil mit der Bestrafung.

Aber wenn jemand dich bestraft, heißt das nicht, dass er dich nicht lieb hat. In Wirklichkeit bedeutet es, dass er dich sogar *sehr* lieb hat! Du bist dieser Person wichtig und sie möchte dir helfen, daraus zu lernen und es in Zukunft besser zu machen.

Gott musste Adam und Eva bestrafen, weil sie nicht auf ihn gehört hatten. Aber er hatte sie immer noch lieb. Und genauso wie er nicht aufhörte, Adam und Eva lieb zu haben, als sie etwas taten, was sie nicht hätten tun sollen, hat Gott auch uns weiterhin lieb, wenn wir etwas falsch machen.

Danke, Herr Jesus, dass du mich so sehr lieb hast, dass du mir Regeln gibst – und dass du mich sogar immer noch lieb hast, wenn ich diese Regeln breche und etwas falsch mache. Während ich lerne, mit dir zu leben, hilf mir bitte, immer auf dich zu hören. Amen.

NOAH UND DIE GROSSE FLUT

Ist dir das auch schon mal passiert? Du willst gerade vom Bordstein herunter über die Straße laufen, aber dein Papa oder ein Schülerlotse schreit: „Stopp!" Du bleibst wie angewurzelt stehen. Du schaust die Straße runter und stellst fest, dass es sehr gut war, dass du keinen Schritt weitergegangen bist! Ein Auto kommt nämlich angefahren – und zwar sehr schnell! Wenn du nicht gehört hättest, sondern weitergelaufen wärst, wärst du vielleicht verletzt worden.

Du bist stehen geblieben, weil du deinem Papa oder der Person, die dir gesagt hat, du sollest nicht weitergehen, vertraust. Du wusstest, dass dein Papa dich lieb hat und dir helfen will. Also hast du auf ihn gehört, und deshalb ist dir nichts Schlimmes passiert.

Die Geschichte von Noah und der Flut zeigt uns, dass Gott uns sagt, was wir tun sollen, weil er uns lieb hat und will, dass wir in Sicherheit sind.

Und Gott sagte zu Noah:
„Dieser Regenbogen ist ein Zeichen … für die Abmachung, die ich mit allen Lebewesen der Erde getroffen habe."
1. Mose 9,17

EIN SCHWIMMENDER ZOO

AUS 1. MOSE 6 – 7

Viele Jahre nach Adam und Eva lebte ein wunderbarer, freundlicher Mann namens Noah. Er hatte Gott lieb und vertraute ihm sehr. Doch die meisten Menschen waren nicht so wie Noah. Sie waren böse und taten einander weh. Sie machten schlimme Dinge. Sie lebten nicht mit Gott. Dadurch wurde die Welt zu einem Ort, an dem man nicht gerne leben wollte. Auch Gott war traurig, dass die Menschen nicht auf ihn hörten.

Eines Tages sagte Gott etwas Seltsames zu Noah: „Ich will, dass du ein riesiges Schiff baust. Eine Flut wird über die ganze Welt kommen und alles zerstören. Nur die Menschen und Tiere auf dem Schiff werden überleben." Gott sagte Noah, wie er das Schiff bauen solle, und Noah tat genau, was Gott ihm sagte. Das Schiff war riesengroß! Es war größer als ein Fußballfeld! Das Schiff war so groß, dass Elefanten und Tiger und Schildkröten und Hunde und alle anderen Arten von Tieren hineinpassten. In dem Schiff muss es sehr laut gewesen sein – und ziemlich gestunken haben!

Nachdem die Tiere und Noah und seine Familie im Schiff waren, machte Gott die Tür hinter ihnen zu. *Plitsch … platsch.* Es begann zu regnen. Und es hörte vierzig Tage lang nicht mehr auf. Das ganze Land und alle Bäume und Berge wurden vom Wasser überschwemmt. Aber Noahs Familie und die Tiere in dem großen Schiff blieben trocken und in Sicherheit.

Noah und seine Familie vertrauten Gott und lebten mit ihm und Gott rettete sie vor der Flut.

EIN VERSPRECHEN AM HIMMEL

AUS 1. MOSE 8 – 9

Noah, seine Familie und die Tiere waren sehr lange in diesem Schiff. Wirklich *sehr lange*. Sogar als es aufhörte zu regnen, war noch überall Wasser, darum mussten sie auf diesem großen, stinkenden und lauten Schiff bleiben. Wahrscheinlich hatte keiner mehr Lust, auf dem Schiff zu bleiben. Wahrscheinlich wollten sie rausgehen und Gras finden, auf dem sie spielen oder das sie fressen konnten. Aber die Menschen und Tiere mussten alle warten, bis das Wasser abgeflossen war.

Ein paar Mal öffnete Noah ein Fenster und ließ einen Vogel fliegen, der trockenes Land finden sollte. Eines Tages kam der Vogel mit einem grünen Blatt in seinem Schnabel zurück. Das bedeutete, dass wieder Bäume wuchsen und dass das Wasser zurückging!

Doch die Menschen und Tiere auf dem Schiff warteten trotzdem noch. Sie warteten und warteten. Endlich war das Wasser weg und Noah öffnete die Tür. Alle waren ganz aufgeregt! Die Vögel flogen Kreise in der Luft. Die Tiere hüpften und rannten umher und wälzten sich im Gras. Zuallererst dankten Noah und seine Familie Gott dafür, dass er sie beschützt hatte.

Gott wusste, dass die Menschen beim nächsten Regen Angst haben würden, dass wieder eine Flut kommen und die Welt zerstören könnte, darum setzte er einen Regenbogen an den Himmel.

Noah und seine Familie sahen ihn und sagten: „Ohhh! Der ist wunderschön! Was bedeutet er?“ Gott sagte: „Ich verspreche euch, dass ich die Erde nie wieder überfluten werde. Jedes Mal, wenn ihr einen Regenbogen seht, denkt daran, dass ich euch versprochen habe, mich um euch zu kümmern!“

ICH WILL MIT JESUS LEBEN

Wenn du das nächste Mal einen Regenbogen siehst, dann denk daran, wie lieb Gott dich hat. Und denk daran, dass Gott versprochen hat, sich um dich zu kümmern.

Noah glaubte, dass Gott ihn und seine Familie lieb hatte und dass er sich um sie alle kümmern würde. Noah hatte Gott lieb und hörte auf ihn – obwohl es verrückt schien, was Gott von Noah verlangte! Gott hielt sein Versprechen, und bei ihm waren Noah und seine Familie in Sicherheit.

Gott tut das Gleiche auch für uns. Er hat uns lieb und sagt uns, dass wir mit ihm leben und auf ihn hören sollen. Gott verspricht, auf uns aufzupassen. Er kümmert sich gerne um uns!

Danke, lieber Herr Jesus, dass du dich um mich kümmerst.
Ich weiß, dass du mich lieb hast und auf mich aufpasst.
Ich will auf dich hören, weil ich dich lieb habe. Amen.

GOTTES FREUND ABRAHAM

Magst du Geburtstage? Ich wette, das tust du – denn wahrscheinlich bekommst du Geschenke und Überraschungen und Kuchen. Geburtstage sind toll!

Das Schlimme an Geburtstagen ist aber die Wartezeit. Du musst ein ganzes Jahr lang warten, bevor du den nächsten Haufen Geschenke auspacken darfst. Das fühlt sich ganz schön lange an!

Gott sagte Abraham, er würde ihm Geschenke geben, aber Abraham müsse richtig lange warten, bis er die Geschenke bekäme. Abraham vertraute Gott und wusste, dass Gott ihm alles geben würde, was er ihm versprochen hatte.

Abraham glaubte, dass Gott tun würde, was er gesagt hatte. Darüber freute Gott sich sehr. Gott sagte, Abraham sei sein Freund, weil er Gott vertraute.

[Gott] … sagte zu ihm: „Schau dir den Himmel an, und versuche, die Sterne zu zählen! Genauso werden deine Nachkommen sein – unzählbar!“
1. Mose 15,5 HFA

GOTT VERSPRICHT ECHT GROSSE DINGE

AUS 1. MOSE 12 UND 15

Lange Zeit nach Noah gab es einen anderen Mann, der auch Gottes Freund war. Dieser Mann hatte Gott lieb und lebte mit ihm. Er hieß Abraham. Eines Tages sagte Gott: „Abraham, ich will, dass du mit deiner Familie euer Zuhause verlässt. Ich werde euch zeigen, wo ihr hingehen sollt."

Abraham muss sich gefragt haben, was Gott wohl vorhatte. Warum wollte Gott, dass er sein Zuhause verlässt? Und wohin sollte er gehen? Darüber hatte Gott ihm nichts erzählt!

Dann sagte Gott: „Ich habe große Pläne mit dir, Abraham. Ich möchte dir eine sehr große Familie geben. Du wirst so viele Kinder und Enkel und Urenkel haben, wie Sterne am Nachthimmel sind!"

Das sind aber viele Kinder, dachte Abraham. Und da Abraham noch *gar kein* Kind hatte, klang das unmöglich.

Dann sagte Gott: „Außerdem will ich dir ein eigenes Land geben. Und ich will dich reich machen, damit du vielen Menschen helfen kannst."

Abraham vertraute Gott völlig – und er hörte auf das, was Gott ihm sagte. Also packten Abraham und Sarah ihre Sachen und gingen von zu Hause weg.

Sie reisten viele Jahre lang umher. Manchmal war das Leben schwer. Sie mussten heiße, trockene Wüsten durchqueren und sich vor bösen Menschen in Acht nehmen, die es nicht gut mit ihnen meinten.

Aber Abraham und Sarah vertrauten immer darauf, dass Gott tun würde, was er ihnen versprochen hatte. Diese Art von Vertrauen nennt man Glaube.

Abraham und Sarah wussten nicht, wo sie hingingen, aber sie wussten, dass Gott sich um sie kümmern würde.

Gott hatte Abraham lieb. Gott fand es toll, dass Abraham ihm glaubte, und Gott nannte Abraham seinen Freund.

EIN FREUDIGES WUNDER

AUS 1. MOSE 18 UND 21

Abraham war fast hundert Jahre alt und seine Frau Sarah war neunzig – und sie hatten *immer noch* keine Kinder. Das machte sie sehr traurig! Sie wollten wirklich gerne Kinder haben, aber jetzt waren sie zu alt dafür. Doch Gott hatte sein Versprechen nicht vergessen: „Ich werde euch so viele Kinder, Enkel und Urenkel geben, wie Sterne am Himmel stehen." Gott hatte Abraham nur nicht gesagt, *wann* das passieren würde!

Eines Nachmittags kamen drei Besucher zu ihm und hatten eine Botschaft von Gott. Abraham lud sie zum Mittagessen ein. „Erinnerst du dich an Gottes Versprechen über Kinder und Sterne?", fragten sie Abraham. „Gott will, dass du weißt, dass ihr, du und deine Frau, in einem Jahr einen Sohn haben werdet." Sarah hörte vom Zelt aus zu. Diese Besucher – die in Wahrheit Engel waren – machten wohl Witze. Sie musste laut lachen.

„Das ist unmöglich! Wir sind viel zu alt!" Gott sagte zu Sarah: „Warum hast du gelacht? Für mich ist nichts zu schwer. Vertrau mir."

Ein Jahr später brachte Sarah, so wie Gott es versprochen hatte, einen kleinen Jungen zur Welt. Und Sarah lachte wieder – sie war sehr *glücklich*! Abraham und Sarah nannten ihr Baby Isaak, das bedeutet „Lachen".

Als Abraham und Sarah ihr Baby Isaak in den Armen hielten, freuten sie sich sehr. Gott hatte sein Versprechen gehalten, auch als es unmöglich erschien.

AUF DIE PROBE GESTELLT

AUS 1. MOSE 22

Isaak wurde älter. So wie du, war auch er kein Baby mehr. Er war jetzt ein großer Junge. Isaak hatte Gott genauso lieb wie sein Papa Abraham. Isaak und sein Papa hatten auch einander sehr lieb.

Eines Tages sagte Gott zu Abraham: „Ich weiß, dass du deinen Sohn lieb hast, aber du musst etwas tun, was sehr schwer ist. Gib mir Isaak zurück. Er soll sterben und zu mir in den Himmel kommen."

Was?, dachte Abraham bei sich. Das verstand er nicht. *Was soll ich tun? Ich soll meinen Sohn sterben lassen? Und was ist mit dem Versprechen, dass Gott mir eine große Familie geben wird? Wie kann ich da zulassen, dass mein Sohn stirbt?*

Abraham wusste die Antworten auf diese Fragen nicht, aber er wusste, dass er auf Gott hören musste, auch wenn er nicht verstand,

was Gott vorhatte. Abraham entschied sich, darauf zu vertrauen, dass Gott auf Isaak aufpassen würde. Also nahm Abraham Isaak mit auf den Gipfel eines Berges, wo er Isaak an Gott zurückgeben wollte …

Doch plötzlich rief Gott Abraham zu: „Stopp, Abraham! Gib mir Isaak nicht zurück. Ich wollte nur sichergehen, dass du mir völlig vertraust. Und das tust du! Du warst sogar bereit, mir deinen Sohn zu geben."

Dann zeigte Gott Abraham einen Schafbock, der in der Nähe war. Also gab Abraham Gott stattdessen den Schafbock. Gott freute sich sehr über Abraham. Er sagte Abraham noch einmal: „Du warst bereit, auf mich zu hören, und das ist gut, denn ich will dir und deiner Familie sehr viel Gutes tun."

ICH WILL MIT JESUS LEBEN

Gott versprach Abraham und Sarah ein paar richtig große Dinge, aber Gott sagte ihnen dabei nie, *wann* er sie erfüllen würde. Außerdem forderte Gott Abraham und Sarah manchmal auf, etwas zu tun, das sie überhaupt nicht verstanden, und Gott erklärte ihnen auch nicht, *warum* er wollte, dass sie diese Dinge tun.

Doch Abraham und Sarah hörten nicht auf, Gott zu vertrauen. Sie hörten nicht auf zu glauben, dass Gott seine Versprechen halten und für sie sorgen würde.

Auch wenn du nicht verstehst, was Gott tut, vertraue wie Abraham und Sarah weiter darauf, dass Gott sich um dich kümmern wird.

Danke, lieber Herr Jesus, dass du deine Versprechen hältst. Danke, dass du versprichst, mich immer zu lieben und dich um mich zu kümmern. Das macht mich sehr froh. Amen.

Der Herr war mit Josef
und zeigte ihm seine Freundlichkeit.
1. Mose 39,21

GOTT KÜMMERT SICH UM JOSEF

Bist du schon einmal auf einen Baum geklettert? Vielleicht hattest du so viel Spaß dabei, dass du zu weit nach oben geklettert bist und dir jemand helfen musste, wieder herunterzukommen. Mir ist das einmal passiert. Mir war nicht klar, wie weit oben ich schon war – bis ich hinuntersah! Was für ein Schreck!

Manchmal kann man sich so fühlen – als ob man feststeckt und weder vor noch zurück kann. Vielleicht fällt dir das Lernen in der Schule schwer. Oder ein Freund ist gemein zu dir. Oder du willst einfach nicht auf deine Eltern hören. Gott will nicht, dass du feststeckst. Er will dir bei allen Problemen helfen.

Die Geschichte von Josef zeigt uns, dass Gott sich immer um uns kümmert, dass wir ihm vertrauen können und dass er uns genau in dem Moment hilft, wenn es für uns, und besonders für seine Pläne mit uns am besten ist.

JOSEFS NEUER MANTEL

AUS 1. MOSE 37 UND 39

Isaak wurde erwachsen. Er hatte einen Sohn, der Jakob hieß. Jakob wurde auch erwachsen und hatte zwölf Söhne. Jakob hatte alle seine Kinder lieb, aber Josef hatte er besonders lieb. Darum schenkte Jakob ihm einen bunten Mantel. Nur Josef bekam dieses besondere Geschenk, weshalb seine Brüder neidisch auf ihn waren. Sie waren böse und gemein zu Josef.

Eines Tages dachten sich die Brüder einen Plan aus, um Josef wehzutun. Sie rissen ihm den Mantel vom Leib und warfen Josef in ein tiefes Loch. Dann holten sie ihn wieder heraus und verkauften ihn an ein paar Leute, die auf ihrem Weg nach Ägypten gerade vorbeikamen. Die Brüder beschmierten Josefs Mantel mit Tierblut, um ihn dann ihrem Vater zu zeigen. Es sollte so aussehen, als sei Josef tot. Als sie nach Hause kamen, sagten sie zu ihrem Vater: „Das hier

haben wir gefunden. Gehört dieser Mantel nicht Josef?" Jakob fing an zu weinen. Er dachte, ein wildes Tier hätte seinen Sohn getötet, und er war deshalb sehr, sehr traurig.

Aber Josef war nicht tot. Josef war in Ägypten und wurde Sklave bei einem Mann, der Potifar hieß. Gott half Josef, der beste Arbeiter zu sein, den Potifar je gehabt hatte. Potifar fiel das auf und er rief Josef zu sich: „Josef, ich habe deine gute Arbeit bemerkt. Ich will, dass du das Sagen hast und dich um alles kümmerst, was mir gehört."

Josef hörte immer auf Gott und tat, was richtig war. Er kümmerte sich gut um Potifars Dinge. Aber eines Tages versuchte Potifars Frau, Josef zu überreden, etwas Böses zu tun.

„Nein!", schrie Josef und rannte weg.

Potifars Frau wurde sehr zornig. Sie war so zornig, dass sie Josef tatsächlich ins Gefängnis werfen ließ! Josef muss gedacht haben: *Das ist verrückt! Ich habe doch nichts falsch gemacht. Erst bin ich ein Sklave. Und jetzt ein Gefangener. Was ist nur los, Gott?*

Doch sogar im Gefängnis half Gott Josef und sorgte für ihn. Der Gefängniswärter mochte Josef so sehr, dass er ihn zum Aufseher über das gesamte Gefängnis machte!

Obwohl Josef allein und weit weg von zu Hause war, passte Gott immer auf ihn auf.

JOSEF RETTET ALLE

AUS 1. MOSE 40 – 42 UND 45 – 46

Eines Nachts hatten zwei Gefangene in Josefs Gefängnis merkwürdige Träume. Als sie Josef davon erzählten, geschah etwas Seltsames. Gott sagte Josef, was die Träume bedeuteten. Die zwei Gefangenen waren total überrascht! Lange Zeit später hatte auch der Pharao einen Traum. Der Pharao war so etwas wie ein König und deshalb der Herrscher über ganz Ägypten. Er träumte von dicken und dünnen Kühen. Er verstand nicht, was das zu bedeuten hatte, trotzdem machte der Traum ihm Angst.

„Pharao", sagte da jemand, „ich kenne einen Mann, der Josef heißt. Er kann dir sagen, was dein Traum bedeutet." Also rief der Pharao Josef zu sich. „Wenn du mir sagen kannst, was Gott mir sagen will, werde ich dich zum wichtigsten Mann von ganz Ägypten machen."

Gott sagte Josef tatsächlich, was der Traum bedeuten sollte. „Zuerst die gute Nachricht", sagte Josef. „In Ägypten wird es sieben Jahre lang jede Menge zu essen geben. Und jetzt die schlechte Nachricht. Nach diesen ieben Jahren, in denen sich alle satt essen können, wird es in Ägypten sieben Jahre lang gar kein Essen geben! Die Menschen in Ägypten müssen darum etwas von dem Essen aufheben, damit sie später noch etwas haben,

wenn auf den Feldern nichts mehr wächst." Der Pharao glaubte Josef und gab ihm deshalb eine Aufgabe. Josef sollte dafür sorgen, dass die Menschen in den ersten sieben Jahren Essen sammelten und es gut aufhoben. Dann würde später keiner verhungern müssen.

Die sieben guten Jahre vergingen. Danach kamen die sieben schlechten Jahre. Und diese schlechten Jahre waren auch in anderen Ländern schlecht. Die Menschen kamen nach Ägypten, um Josef um Essen zu bitten. Eines Tages kamen auch Josefs Brüder – aber sie wussten nicht, dass der Mann, der dort das Sagen hatte, Josef war! Als sie es herausfanden, bekamen sie Angst. Sie dachten, Josef würde ihnen etwas Böses tun, weil sie ihn damals so gemein hereingelegt hatten.

Aber Josef vergab seinen Brüdern. Er wusste, dass Gott für ihn gesorgt hatte, damit er viele Jahre später seine Familie retten konnte. Josefs Vater und seine Brüder zogen alle zusammen nach Ägypten um. Josef freute sich sehr, weil er sah, dass Gott einen guten Plan für seine Familie hatte – was die Menschen böse gemeint hatten, hatte Gott für etwas Gutes benutzt.

ICH WILL MIT JESUS LEBEN

Zu Hause waren Josefs Brüder nicht nett zu ihm gewesen. Als sie Josef fortschickten, wurde er Sklave in Ägypten und musste auch eine Zeit lang im Gefängnis sitzen. Glaubst du, Josef dachte während dieser ganzen Zeit, dass er einmal ein wichtiger Mann in der Regierung des Pharaos sein würde? Gott nutzte Josefs Probleme und Schwierigkeiten als Gelegenheit, um ihn genau dort hinzubringen, wo er ihn haben wollte. Gott sorgte dafür, dass Josef das Leben von sehr vielen hungrigen Menschen retten konnte.

Genauso wird Gott auch aus deinen Probleme und Schwierigkeiten etwas Gutes machen. Er wird dir zeigen, wie du ihm dabei helfen kannst, anderen Menschen richtig viel Freude zu machen. Und darüber wirst du dich dann selber freuen.

Danke, Herr Jesus, dass du mir hilfst, wenn ich Probleme habe. Danke, dass du meine Schwierigkeiten nimmst und etwas Gutes daraus machst, worüber wir uns dann beide freuen können. Amen.

Gott sagte zu Mose:
„ICH BIN, DER ICH BIN.
Wenn du zum Volk Israel gehst,
sag ihnen: ‚ICH BIN hat mich
zu euch geschickt.'"
2. Mose 3,14

MOSE LEITET ISRAEL

Wenn du Superkräfte hättest, was würdest du tun? Würdest du gerne fliegen können? Oder superstark sein? Oder vielleicht unsichtbar? Einer der tollsten Helden in der ganzen Bibel war Mose. Er war ein echter Superheld, aber mit seinen Superkräften schoss er keine Spinnennetze aus seinen Handgelenken oder Laserstrahlen aus seinen Augen. Moses Superkräfte lagen darin, dass er Gott vertraute.

Mose wusste, dass er nicht stark genug war, um ohne Hilfe das zu tun, was Gott von ihm wollte. Aber Mose vertraute Gott. Er glaubte ganz fest, dass Gott ihm bei allem, was er tun sollte, helfen würde. Und so war es dann auch. Gott half Mose dabei, total geniale Superhelden-Sachen zu machen. Du kannst dieselben Superkräfte haben wie Mose. Wenn du Gott vertraust, kann er auch *dir* helfen, Sachen zu machen, über die alle staunen – am meisten du selbst!

EIN BABY IN EINEM KORB

AUS 2. MOSE 2

Josefs Familie lebte viele hundert Jahre lang in Ägypten. Sie bekamen so viele Enkel und Urenkel, dass sie zu einem großen Volk wurden, das Israel hieß. Doch die Ägypter fingen an, sich vor dem Volk Israel zu fürchten. Deshalb nahmen sie die Israeliten gefangen und machten sie zu ihren Sklaven.

Der Pharao, der König von Ägypten, war ein böser Mann. Er versuchte, alle männlichen Babys der Israeliten zu töten. Eine Israelitin hatte einen kleinen Jungen, der Mose hieß, und sie hatte ihn sehr lieb. Sie wollte nicht, dass er starb. Aber Moses Mama hatte eine Idee! Sie ging zum Fluss hinunter und pflückte Pflanzen, die dort im Wasser wuchsen. Die nahm sie mit nach Hause und machte daraus für ihr Baby Mose einen kleinen Korb, der im Wasser nicht unterging. Sie legte das Baby in den Korb und deckte es gut zu. Dann ging sie zurück zum Fluss, setzte den Korb ins Wasser und sah zu, wie er wegschwamm.

Sie war traurig, aber sie wusste, dass sie versuchen musste, Mose zu beschützen.

Die Tochter des Pharaos war an jenem Tag am Fluss und sah den schwimmenden Korb. *Was für ein merkwürdiger Anblick,* dachte sie. Als sie den Korb öffnete, sah sie das kleine israelitische Baby darin liegen. Es weinte und sie hatte Mitleid mit ihm. Sie beschloss, dass sie es nicht sterben lassen würde.

Moses ältere Schwester Mirjam hatte alles genau beobachtet, um zu sehen, was mit Mose passieren würde. Sie ging zur Tochter des Pharaos und fragte sie: „Willst du, dass ich jemanden finde, der sich um das Baby kümmert?" „Ja, bitte", sagte die Tochter des Pharaos. Mirjam lief los und holte ihre Mutter, die darüber sehr, sehr glücklich war! Gott hatte dafür gesorgt, dass Moses eigene Mutter sich um ihn kümmern konnte! Als Mose älter wurde, kam er in den Palast des Pharaos und lebte dort.

EIN SPRECHENDER BUSCH

AUS 2. MOSE 2 – 4

Mose wuchs als Teil der Familie des Pharaos auf, aber Mose wusste, dass er eigentlich ein Israelit war. Er hatte Gott lieb und hörte auf ihn und er war sehr traurig darüber, dass die Ägypter seinen Freunden und seiner Familie, die Gott ebenfalls lieb hatten, wehtaten. Mose versuchte, Israel zu helfen, aber damit machte er den Pharao nur wütend. Darum verließ Mose Ägypten und lebte als Schafhirte in der Wüste.

Eines Tages, als Mose gerade Schafe hütete, sah er etwas sehr Merkwürdiges. Da brannte ein Busch, der aber nicht verbrannte.

Spielen meine Augen mir einen Streich?, fragte sich Mose und rieb sich die Augen. Aber als er wieder hinsah, brannte der Busch immer noch, und brannte und brannte immer weiter, ohne zu verbrennen.

Als Mose auf den brennenden Busch zuging, kam plötzlich Gottes Stimme aus

dem Busch: „Mose! Mose!“ „J-j-j-ja?“ stotterte Mose. Er hatte noch nie einen brennenden oder sprechenden Busch gesehen! „H-h-h-hier bin ich.“

„Ich bin dein Gott“, sagte die Stimme, „und ich will, dass du mein Volk befreist und aus Ägypten wegbringst.“

Jetzt hatte Mose noch mehr Angst. „Aber Gott, das habe ich doch schon versucht. Und es hat nicht funktioniert. Du musst dir jemand anderen suchen. Ich bin nicht stark genug.“

„Aber ich bin stark genug, Mose, und ich bin alles, was du brauchst“, sagte Gott. „Ich werde bei dir sein und dir helfen. Wenn du auf mich hörst und dich auf meine Kraft verlässt, wirst du Israel befreien können.“

Mose hatte immer noch Angst. Er konnte sich nicht vorstellen, wie er eine so große Menge Menschen aus Ägypten herausführen sollte. Aber Mose wusste, dass Gott bei ihm sein würde, darum hörte er auf Gott und ging nach Ägypten, um den Israeliten zu helfen.

DIE PLAGEN UND DAS PASSAHFEST

AUS 2. MOSE 7 – 12

Mose ging zurück nach Ägypten und sprach zu dem Pharao, dem Herrscher über Ägypten. Mose sagte zu ihm: „Pharao, Gott sagt, dass du sein Volk gehen lassen sollst! Mach diese Menschen nicht länger zu Sklaven." Doch der Pharao sagte: „Nein! Ich lasse sie nicht gehen. Sie sind meine Sklaven – und sie werden es immer bleiben!"

Mit ruhiger Stimme sagte Mose zum Pharao: „Wenn du Israel nicht aus Ägypten gehen lässt, wird Gott dich bestrafen. Er hat mich geschickt, um dich zu warnen. Du musst *jetzt* auf Gott hören."

Aber der Pharao wollte nicht hören. Darum bestrafte Gott Ägypten. Gott verwandelte das Wasser in ihrem Fluss in Blut und schickte so viele Frösche und Fliegen, dass alles mit ihnen bedeckt war. Es war total eklig! Aber der Pharao wollte immer noch nicht auf Gott hören. Als Nächstes starben die Kühe und Schafe. Dann bekamen die Ägypter überall auf der Haut riesige Blasen. Danach kam Hagel und zerfetzte alle Pflanzen. Dann kamen Millionen von Heuschrecken und fraßen alles auf, was noch an Pflanzen übriggeblieben war. Aber der Pharao wollte seine Meinung immer noch nicht ändern.

Als Letztes schickte Gott einen Engel, der in jeder ägyptischen Familie das älteste Kind tötete. Nur in den israelitischen Familien starb niemand! Erst dann war der Pharao endlich bereit, das Volk Israel aus Ägypten weggehen zu lassen.

Gott wollte, dass die Israeliten sich an diese Nacht, in der der Engel an ihren Häusern vorüberging und sie deshalb am Leben blieben, immer erinnern würden. Deshalb ließ er sie eine besondere Mahlzeit essen, die Passah heißt. Und er sagte ihnen, dass sie das von nun an einmal im Jahr tun sollten, um zu feiern, wie Gott sie gerettet und aus Ägypten befreit hatte.

EIN WEG DURCH DAS MEER

AUS 2. MOSE 14

Als der Pharao dem Volk Israel sagte, dass sie nun frei seien und weggehen könnten, verließen die Israeliten Ägypten so schnell sie konnten! Sie wollten schon weg sein, bevor der Pharao doch noch seine Meinung ändern würde. Genau das geschah auch. Der Pharao verfolgte und jagte die Israeliten mit seiner ganzen Armee. Er wollte seine Sklaven zurückhaben. Sie sollten wieder für ihn arbeiteten.

Die Israeliten kamen gut voran, aber als sie in Richtung Ägypten zurückschauten, sahen sie eine riesige Staubwolke. Das ägyptische Heer war hinter ihnen her! Als sie nach vorne sahen zu dem Land, das Gott ihnen versprochen hatte, bemerkten die Israeliten, dass sie am Ufer des Roten Meeres angekommen waren. „Wir können nicht entkommen!" schrien sie voller Angst. „Werden wir jetzt sterben?"

„Habt keine Angst!", sagte Mose. „Gott wird uns retten. Ihr werdet schon sehen!" Gott sagte Mose, er solle seinen Arm ausstrecken und mit seinem Wanderstab auf das Meer zeigen. Mose hörte auf Gott und tat es. Da begann ein starker Wind zu blasen. Dieser Wind blies so lange in das Wasser, bis es sich links und rechts wie zwei riesige Wände auftürmte. Dazwischen entstand ein trockener Weg. Auf diesem Weg konnten die Israeliten sicher durch das Meer gehen. Doch das ägyptische Heer war ihnen dicht auf den Fersen!

Die Ägypter folgten ihnen auf dem trockenen Weg zwischen den Wasserwänden hindurch. Doch sobald das ganze Volk Israel auf der anderen Seite angekommen war, ließ Gott die Wasserwände sofort zusammenfallen. Das Wasser schwemmte das gesamte ägyptische Heer weg! Mose und die Israeliten waren auf der anderen Seite in Sicherheit und ihr Feind war verschwunden.

DIE REGELN AUF DEM BERG

AUS 2. MOSE 19 – 20

Als die Israeliten das Rote Meer durchquerten, reisten sie dem Land entgegen, das Gott Abraham vor langer Zeit versprochen hatte. Sie hielten in der Nähe des Berges Sinai an und bauten dort ihre Zelte auf. Mose stieg dann auf den Berg, um mit Gott zu sprechen. Gott sagte Mose, dass er mit seinem Volk sprechen wolle.

Krach! Knack! Bumm! Der Tag, an dem Gott mit seinem Volk sprechen wollte, begann mit lautem Donner und zuckenden Blitzen. Der Berg war fast vollständig in Rauch gehüllt, weil Gott wie Feuer heruntergekommen war, um mit seinem Volk zu sprechen. Aber das Volk hatte große Angst!

Gott sagte zu Israel: „Ihr seid ein ganz besonderes Volk für mich. Ich liebe euch und ich will, dass ihr mir vertraut, mich lieb habt und mit mir lebt. Und damit ihr versteht, was ich gut und richtig finde, gebe ich euch ein paar Regeln."

Dann stieg Mose den Berg Sinai bis zum Gipfel hinauf, weil Gott ihm diese Regeln dort oben geben wollte. Als Erstes erinnerte Gott die Israeliten daran, dass er ihr Gott war. Dann sagte er ihnen, dass sie nicht lügen oder stehlen oder ihren Eltern ungehorsam sein sollten. Und sie sollten auch keine anderen schlimmen Dinge tun.

Wenn sie doch etwas Schlimmes taten und Gottes wichtige Regeln nicht befolgten, konnten sie ein Schaf oder einen Ochsen schlachten und das Tier Gott als Opfer geben. Gott musste sie dann nicht bestrafen, sondern konnte ihnen ihre Sünden vergeben, weil das Tier, das geopfert worden war, die Strafe an ihrer Stelle abbekommen hatte. Die Menschen hatten aber immer noch ein wenig Angst. Sie machten manchmal Fehler und sorgten sich, dass Gott dann zornig auf sie sein würde.

„Habt keine Angst und macht euch keine Sorgen", sagte Mose zu den Israeliten. „Gott ist auf eurer Seite. Und dieser ganze Donner mit den Blitzen und dem Feuer und dem Rauch sollen uns nur daran erinnern, dass Gott sehr mächtig ist. Wenn wir wissen, dass er stark ist, hilft uns das, ihm zu vertrauen und auf ihn zu hören! Gott hat uns mit seinen Regeln gezeigt, was gut für uns ist. Wenn wir uns bei allem von ihm helfen lassen und auf ihn hören, werden wir ein gutes Leben haben!"

ICH WILL MIT JESUS LEBEN

Mose führte das Volk Israel viele Jahre lang. Er hatte Gott lieb und hörte auf ihn. Und er half dem Volk Israel, Gott besser kennenzulernen und mit ihm zu leben.

Gott zu kennen und mit ihm zu leben bedeutet vieles. Es bedeutet zu wissen, dass Gott stark und gut ist, dass er heilig ist, dass er freundlich und liebevoll ist und dass er immer hält, was er verspricht. Wenn wir ihn so kennen, werden wir ihn lieb haben, weil wir wissen, dass er uns auch sehr lieb hat.

Und jeden Tag können wir Gott noch besser kennenlernen und immer enger mit ihm zusammenleben. So wie Mose können auch wir Gottes Superhelden sein, wenn wir dicht bei ihm bleiben. Gott ist auf unserer Seite und er hat uns lieb!

Herr Jesus, ich weiß, dass du
ein sehr großer und sehr mächtiger Gott bist.
Ich weiß auch, dass du mich lieb hast.
Ich will mit dir leben und dir vertrauen,
damit ich mit dir zusammen
Großes tun kann! Amen.

JOSUA BESIEGT JERICHO

Als Kind war die Schule manchmal schwer für mich – vor allem, wenn es um Zahlen und Mathe ging. Ich wurde immer ganz mutlos, wenn ich versuchte, meine Hausaufgaben zu machen.

Als ich mich eines Abends hinsetzte, um meine Hausaufgaben zu machen, sagte mir mein Papa, dass er für mich beten würde. Er sagte, ich könne auch selbst beten.

„Aber interessieren Gott meine Hausaufgaben überhaupt?", fragte ich.

„Ja!", sagte mein Papa. „Auf jeden Fall! Wenn dir etwas wichtig ist, ist es Gott auch wichtig."

Also betete ich und Gott half mir tatsächlich bei den schweren Hausaufgaben.

In der Bibel half Gott auch Josua, Dinge zu tun, die wirklich schwer waren – sogar so schwer, dass sie unmöglich aussahen.

Aber Gott kann alles tun!

„Ich werde dir dein Leben lang zur Seite stehen. Niemals werde ich… dich im Stich lassen. Sei mutig und entschlossen!"
Josua 1,5–6 GNB

RAHAB RETTET DIE SPIONE

AUS JOSUA 2

Nach sehr langer Zeit kam Israel endlich in das Land, das Gott Abraham versprochen hatte. Dieses Land sollte Israels neues Zuhause sein, aber die Menschen, die dort lebten, wollten nicht, dass die Israeliten auch dort lebten. Einige dieser Menschen wohnten in einer Stadt, die Jericho hieß.

Josua war damals der Anführer der Israeliten. Er schickte zwei Spione nach Jericho, um herauszufinden, wie stark der Feind war. Die Spione kamen zum Haus einer Frau, die Rahab hieß. *Klopf, klopf, klopf!* Jemand hatte herausgefunden, dass die Spione in Rahabs Haus waren!

Aber bevor die Soldaten sie erwischen konnten, brachte Rahab die Spione auf das Dach ihres Hauses. Ihr Haus war direkt in die riesige Mauer hineingebaut, die um die ganze Stadt herumging. Dort oben versteckte sie die Spione. Als die Soldaten also kamen, dachten sie, die Spione wären bereits wieder weg. Nachdem die Soldaten gegangen waren, stieg Rahab auf das Dach. „Ich weiß, dass Gott euch dieses Land gegeben hat", sagte sie zu den Spionen. „Versprecht mir, dass ihr mich und meine Familie beschützt, wenn ihr kommt, um hier zu leben."

Sie sagten ihr, dass sie sie beschützen würden, wenn sie ihnen helfen würde, sicher aus der Stadt zu entkommen. Das tat Rahab. Sie befestigte ein rotes Seil an ihrem Fenster und ließ es außen an der Stadtmauer hinunter. Die Spione kletterten am Seil hinab und verschwanden aus Jericho.

Rahab zog das Seil wieder hoch. Später, wenn die Israeliten kommen würden, sollte sie es als Erkennungszeichen wieder aus dem Fenster hängen lassen, damit die israelitischen Soldaten ihr Haus gleich finden würden und sie beschützen konnten. Die Spione liefen schnell zurück zu Josua. „Es ist Zeit, gegen Jericho zu kämpfen! Gott hat uns das Land gegeben. Wir können es schaffen!"

NIEDER MIT DEN MAUERN!

AUS JOSUA 6

Um die Stadt Jericho herum stand eine riesige, feste Mauer. Die Mauer sollte die Menschen, die in Jericho lebten, beschützen.

„Wie sollen wir da hineinkommen?", fragten die Israeliten.

Gott hatte einen Plan – und dieser Plan war eine echte Überraschung für die Soldaten Israels. Gott befahl Josua und den Israeliten, an sechs Tagen hintereinander immer einmal um die ganze Stadt herum zu marschieren. Die Priester sollten dabei in ihre Hörner blasen. „Aber sagt kein Wort, während ihr lauft!", sagte Gott. „Am siebten Tag", sagte Gott zu Josua, „sollt ihr siebenmal um Jericho herum marschieren. Die Priester sollen in die Hörner blasen und alle sollen ganz laut schreien. Dann wird die Mauer einstürzen."

Was für ein merkwürdiger Plan! Wie sollte so eine hohe, dicke Mauer allein vom Marschieren und Hörnerblasen und Schreien einstürzen? Aber Josua war zuversichtlich, dass der Herr ihnen die Stadt geben würde, wenn sie auf ihn hörten.

Die Israeliten glaubten Gott und hörten auf ihn. Am ersten Tag marschierten sie einmal um die Stadt. Die Priester bliesen in ihre Hörner, und die Menschen sagten nichts. Nicht ein Wort. Das machten die Israeliten sechs Tage hintereinander.

Am siebten Tag bei Sonnenaufgang standen alle auf. Dieses Mal marschierten sie siebenmal um Jericho herum, und als die Priester in ihre Hörner bliesen – genau so wie Josua es befohlen hatte –, schrie das ganze Volk laut! „Schreit, so laut ihr könnt!", rief Josua. „Der Herr hat euch diese Stadt gegeben!"

Kna-a-a-a-c-k-k-k. Plötzlich bekam die Mauer Risse – erst hier, dann da. *Rum-m-m-ms.* Dann begannen Teile herunterzufallen.
Und schließlich stürzte die gesamte Mauer mit lautem Getöse ein.

Josua und die Israeliten gingen nach Jericho hinein. Sie fanden Rahab und ihre Familie und erlaubten ihnen, beim Volk Israel zu bleiben.

Und Gottes Volk gewann! Jericho war jetzt ihre Stadt. Gott gab ihnen den Sieg, weil sie an ihn glaubten und auf ihn hörten.

ICH WILL MIT JESUS LEBEN

Gott möchte uns bei den Dingen helfen, die uns wichtig sind – dir bei deinen Hausaufgaben oder seinem Volk beim Niederschreien der Stadtmauer. Es spielt dabei keine Rolle, wie schwierig dein Problem ist – Gott ist größer und stärker als jedes Problem.

Und es spielt auch keine Rolle, wie groß oder klein das Problem ist. Denk daran, was mein Papa mir sagte: „Wenn dir etwas wichtig ist, dann ist es auch Gott wichtig." Als ich betete, half mir Gott bei meinen Hausaufgaben. Ich musste natürlich trotzdem etwas tun, aber Gott half mir, meine Aufgaben zu beenden und dabei gut gelaunt zu sein.

Brauchst du bei irgendetwas in deinem Leben Hilfe? Du kannst Gott immer vertrauen. Er hat dich so lieb. Darum bete, hör auf ihn und sieh, was Gott tut!

Lieber Jesus, ich weiß, dass du größer und stärker bist als jedes Problem. Danke, dass du für mich sorgst und mir zuhörst. Hilf mir, dir immer zu vertrauen. Amen.

Wohin du gehst, dorthin gehe ich auch; wo du bleibst, da bleibe ich auch. Dein Volk ist mein Volk und dein Gott ist mein Gott.
Rut 1,16 GNB

RUTS NEUE FAMILIE

Meine Familie ist nicht perfekt. Keine Familie ist das! Manchmal streiten sich meine Kinder. Manchmal sind wir schlecht gelaunt oder gemein. Aber wir haben einander *wirklich* lieb.

Es war Gottes Idee, dass wir eine Familie haben. Er wusste, dass wir Menschen brauchen würden, die auf uns aufpassen und uns lieb haben. Wie wäre das Leben ohne unsere Familien?

Die Geschichte von Rut und Naomi zeigt uns, wie wichtig es ist, dass wir Menschen um uns haben, die uns lieb haben – und wie wichtig es für uns ist, diese Menschen liebzuhaben. Sie sind vielleicht nicht perfekt, aber sie sind die Familie, die Gott uns gegeben hat.

„LASS MICH MIT DIR GEHEN“

AUS RUT 1

Einmal gab es in Israel nicht genügend zu essen. Ein Mann, der Elimelech hieß, wollte für seine Familie sorgen und nahm seine Frau Naomi und ihre zwei Söhne mit in das Land Moab. Dort konnten sie etwas zu essen bekommen.

Während sie in Moab lebten, starb Elimelech. Das war schwer für Naomi. Aber es kam sogar noch schlimmer: ihre beiden Söhne starben auch.

Naomi war ganz allein und sehr traurig. Sie wusste nicht, was sie tun sollte. Als sie hörte, dass es in Israel wieder etwas zu essen gab, beschloss Naomi, nach Hause zu gehen.

Sie redete mit den Frauen ihrer Söhne, die schon immer in Moab gelebt hatten. „Ich gehe zurück nach Israel", sagte sie. „Ihr solltet hier in eurem Land bleiben."

Eine der Frauen blieb in Moab, aber die andere – sie hieß Rut – wollte das nicht. Rut hatte Naomi lieb und wollte mit ihr nach Israel gehen und sich um sie kümmern.

„Lass mich mit dir gehen! Bitte!", sagte Rut. „Ich werde dort hingehen, wo du hingehst. Ich werde dort leben, wo du lebst. Und ich werde deinen Gott anbeten, so wie du es tust! Er wird auch mein Gott sein."

Darüber war Naomi so froh! Sie würde nicht allein sein. Ihre tolle Schwiegertochter Rut würde ihr helfen.

Also ging Naomi zurück in ihre Heimat nach Israel und Rut ging mit ihr.

EINE UNERWARTETE ERNTE

AUS RUT 2 – 4

Rut war gerade mit ihrer Schwiegermutter Naomi nach Bethlehem gezogen und sie brauchten beide etwas zu essen. Eines Tages beschloss Rut, hinter den Bauern auf den Feldern herzulaufen und das heruntergefallene Getreide aufzusammeln, damit sie und Naomi etwas zu essen hätten.

Das Feld, auf das Rut ging, gehörte einem Mann, der Boas hieß. „Wer ist diese junge Frau?", fragte Boas die Männer, die auf dem Feld arbeiteten.

„Sie ist mit Naomi aus Moab zurückgekommen", sagte einer von ihnen. „Heute Morgen ist sie schon sehr früh hier gewesen und hat gefragt, ob sie auf dein Feld gehen dürfe, und seitdem arbeitet sie sehr fleißig!"

Boas ging auf Rut zu. „Es ist so freundlich von dir, dass du Naomi hilfst. Ich will dir auch helfen. Du kannst mit meinen Arbeitern zusammen zu Mittag essen. Ich sorge dafür, dass sie sich um dich kümmern." Außerdem befahl Boas seinen Arbeitern, extra Getreide fallen zu lassen, damit Rut es leicht finden würde.

An jenem Tag – und vielen weiteren Tagen – brachte Rut jede Menge Essen mit nach Hause! Sie kam auch mit Neuigkeiten über Boas nach Hause. Naomi freute sich über all das, was Rut ihr erzählte.

Boas mochte Rut sehr und sie mochte ihn auch. Deshalb heirateten sie bald. Es dauerte nicht lange, dann bekamen Boas und Rut ihr erstes Kind, einen kleinen Jungen. Rut war freundlich zu ihrer Schwiegermutter und Gott segnete Rut mit einem neuen Zuhause, einem Ehemann und einem Sohn – und Naomi segnete er mit einer Familie und einem Enkel, den sie lieb haben konnte.

ICH WILL MIT JESUS LEBEN

Rut wusste, dass ihre Familie wichtig war, und sie wusste, dass Naomi ganz allein war, nachdem sie ihren Mann und ihre Söhne verloren hatte, die sie so sehr geliebt hatte.

Rut hatte Naomi lieb. Sie hatte sie so lieb, dass sie sogar ihr Zuhause verließ und in Naomis Land zog, um sich um sie zu kümmern. Dann gab Gott Rut sogar eine noch größere Familie – einen Mann und einen Sohn, die sie auch lieb haben konnte.

Gott hat dir eine Familie gegeben, die du lieb haben kannst, und er will dir helfen, sie zu lieben. Gott hilft deinen Familienangehörigen, dich auch dann zu lieben, wenn du schlechte Laune hast, und Gott kann dir helfen, auch sie lieb zu haben, wenn sie mal einen schlechten Tag haben!

Gott hat dir die Familie gegeben, in der du bist. Gott hat dich auch zu einem Teil seiner ewigen Familie gemacht, und das ist die beste Familie von allen.

Herr Jesus, danke für meine Familie. Danke, dass mich alle lieb haben und für mich sorgen. Hilf mir, meiner Familie zu zeigen, dass ich sie auch lieb habe. Amen.

HANNA

Wenn ich als Kind beim Ballspielen oder Fahrradfahren hinfiel, wollte ich immer zu meinem Papa oder meiner Mama. Ich wusste, dass sie mich umarmen und so lange festhalten würden, bis es mir wieder besser ging.

In der Bibel steht, dass Gott unser Vater im Himmel ist. Er hat uns so lieb. Wenn wir verletzt oder traurig sind, macht ihn das auch traurig. Er will uns helfen, damit es uns bessergeht. Er will uns beschützen und er will, dass wir in unserem Herzen spüren, dass Jesus uns liebt. Diese Geschichte handelt von einer Frau, die Hanna heißt. Sie war sehr traurig. Aber Gott half ihr, wieder fröhlich zu werden.

Ich habe für dieses Kind gebetet.
Der Herr hat mein Gebet erhört
und es mir geschenkt.
1. Samuel 1,27

„GOTT MACHT MEIN HERZ FRÖHLICH“

AUS 1. SAMUEL 1 – 2

Hanna hatte Gott lieb. Sie hatte ihn sehr lieb, aber sie war trotzdem traurig. Hanna war traurig, weil sie keine Kinder hatte. Sie wollte unbedingt ein Baby haben.

Eine andere Frau war sehr gemein zu Hanna. Sie wusste, dass Hanna Kinder haben wollte, und lachte sie aus, weil sie keine Kinder hatte. Das machte Hanna nur noch trauriger und sie weinte oft. Sie wusste nicht, was sie tun sollte.

Doch dann hatte sie eine Idee. Sie könnte doch Gott um ein Baby bitten! Sie wusste, dass Gott Wunder tun kann. Gott kann tolle Dinge tun, die Menschen nicht tun können!

Also ging Hanna in Gottes Tempel und betete. Sie bat Gott um ein Kind. Sie sagte: „Wenn es ein Junge wird, gebe ich ihn Gott. Dann kann er Gott sein ganzes Leben lang dienen.“

Gott erhörte Hannas Gebet, und schon bald hatte sie ein Baby! Sie nannte den Jungen Samuel. Hanna freute sich so sehr, dass sie sang und Gott lobte.

„Gott macht mein Herz fröhlich!", sagte sie. „Er macht mich stark und erhört meine Gebete. Niemand ist so groß und stark und wunderbar wie Gott!"

Hanna hatte Samuel lieb, aber sie vergaß nicht, was sie Gott versprochen hatte. Als Samuel ein bisschen älter war, brachte Hanna ihn in den Tempel. Hanna wusste, dass Samuel Gott sein ganzes Leben lang lieb haben und mit ihm leben würde. Und das tat er auch!

ICH WILL MIT JESUS LEBEN

Wann warst du schon einmal traurig? Vielleicht ist dein Lieblingsspielzeug kaputtgegangen oder dein Hund oder deine Katze ist weggelaufen oder jemand in deiner Familie hat etwas Schlimmes erlebt, und das hat dein Herz traurig gemacht.

Gott weiß, wenn dein Herz traurig ist – und auch, wenn es fröhlich oder besorgt oder ängstlich ist. Gott weiß immer, wie du dich fühlst. Und er will dich in den Arm nehmen und festhalten, bis es dir bessergeht.

Auch wenn traurige Dinge passieren, kannst du mit Gott sprechen, wie du mit deinem Papa oder deiner Mama sprichst. Gott hat dich lieb und will, dass es dir wieder bessergeht. Er wird dir helfen, dass dein Herz wieder fröhlich wird.

Danke, Herr Jesus, dass du dich um mich kümmerst, auch wenn ich traurig bin. Ich weiß, dass du immer bei mir bist. Wenn ich an dich denke, macht das mein Herz wieder fröhlich! Amen.

SAMUEL

Mein Papa ist schon im Himmel, aber ich erinnere mich immer noch an seine Stimme. Seine Stimme war freundlich und liebevoll, aber er konnte auch richtig laut sein. Und ich erinnere mich daran, dass mein Papa viel gelacht hat. Sein Lachen war toll! Als ich ein Kind war, rief Papa mich oft bei meinem Namen: „Judah!“. Am Klang seiner Stimme konnte ich immer erkennen, ob er fröhlich war, ob er bei etwas Hilfe brauchte oder ob er aufgeregt war – oder ob ich in Schwierigkeiten steckte!

Wusstest du, dass Gott mit dir sprechen will? Das will er wirklich! Diese Geschichte handelt von Hannas Sohn Samuel. Er war ein Junge, mit dem Gott sprechen wollte, ein Junge, der lernte, wie man Gott zuhört.

Samuel antwortete: „Sprich, Herr. Ich bin dein Diener und ich höre zu!“ 1. Samuel 3,10

„WER RUFT MICH?“

AUS 1. SAMUEL 3

Samuel wuchs im Tempel auf. Er half den Menschen, die kamen, um zu Gott zu beten. Eines Nachts schlief Samuel in seinem Zimmer. Es war friedlich, still und dunkel. Plötzlich rief jemand: „Samuel!“ Samuel wachte auf: „Ich bin hier!“, sagte er. Er lief zu seinem Freund Eli, der auch im Tempel wohnte und fragte ihn: „Hast du mich gerufen?“

„Nein, Samuel“, sagte Eli. „Geh wieder schlafen.“

Samuel ging zurück ins Bett.

„Samuel!“, rief die Stimme ihn wieder, dieses Mal etwas lauter.

Samuel ging zu Eli zurück. „Hier bin ich. Du hast mich gerufen.“

Erneut sagte Eli: „Ich habe dich nicht gerufen. Geh wieder ins Bett, Samuel.“

Und dann hörte Samuel die Stimme noch einmal. „Samuel! Samuel!“ Es war keine Du-bist-in-Schwierigkeiten-Stimme. Es war eine warme und freundliche Stimme. Als Samuel dieses Mal in Elis Zimmer stürmte, erkannte Eli, dass es Gott war, der Samuel rief. „Geh wieder ins Bett“, sagte Eli. „Wenn die Stimme dich noch einmal ruft, sage: ‚Rede, Herr, ich bin dein Diener und ich höre dir zu!‘“

Also ging Samuel wieder ins Bett und natürlich hörte er die Stimme wieder.

Dieses Mal sagte Samuel: „Gott? Bist du das? Ich höre dir zu!“

Es war Gott! Gott wollte mit Samuel sprechen. Und als sie miteinander sprachen, erzählte Gott Samuel Dinge, die in der Zukunft passieren würden.

Samuel diente Gott als Prophet, was bedeutet, dass er Gottes Stimme hörte und den anderen Menschen Gottes Worte weitersagte. Sein ganzes Leben lang war Samuel bereit, Gott zuzuhören und mit ihm zu leben

ICH WILL MIT JESUS LEBEN

So wie Gott Samuel mit Namen kannte, kennt Gott auch deinen Namen! Und er will mit dir so sprechen, wie er auch mit Samuel gesprochen hat.

Gott spricht vielleicht nicht mit einer hörbaren Stimme zu dir, aber sein Heiliger Geist wird dir helfen, Gottes Stimme in deinem Herzen zu hören. Wenn du die gute Idee hast, jemandem etwas Nettes zu sagen, oder etwas tun möchtest, was großzügig ist, dann ist das Gottes Heiliger Geist. Er spricht zu dir. Er hilft dir zu erkennen, dass Gott dich liebt. Und er hilft dir, freundlich zu anderen Menschen zu sein. Mit Jesus zu leben, heißt auch zu lernen, seine Stimme zu hören und sich dafür zu entscheiden, auf ihn zu hören.

Herr Jesus, ich weiß, dass du mich hörst,
wenn ich bete. Danke, dass du mir zuhörst.
Und danke, dass du mit mir sprichst. Hilf mir zu lernen,
deine Stimme zu hören. Amen.

**Gott sieht nicht so, wie die Menschen sehen.
Die Menschen schauen auf das Äußere einer Person,
aber der Herr schaut auf das Herz.
1. Samuel 16,7**

KÖNIG DAVID

Manchmal frage ich mich, wie es wohl wäre, König oder Präsident zu sein. Jeder müsste mir zuhören und das tun, was ich sage. Ich könnte essen, was ich wollte, und tun, wozu ich Lust hätte. Stimmt's?

Na ja … nicht ganz. Verantwortung zu tragen bedeutet auch, sich um andere zu kümmern und nicht nur um sich selbst. Verantwortung zu tragen ist eine *echt* RIESIGE Aufgabe, aber es ist auch toll, weil man damit vielen Menschen helfen kann.

Das hat David für das Volk Israel getan. Er beschützte es vor Feinden. Er half den Israeliten, stark und sicher und glücklich zu sein. Und was noch wichtiger ist als alles andere: König David brachte den Menschen bei, wie man mit Gott lebt.

EIN UNGEWÖHNLICHER KÖNIG

AUS 1. SAMUEL 16

Samuel wurde erwachsen. Und noch immer hörte er auf Gottes Stimme. Er diente Gott, indem er die Botschaften, die Gott ihm sagte, jedes Mal weitergab. So half Samuel den Israeliten, mit Gott zu leben.

Eines Tages sagte Gott zu Samuel, dass es an der Zeit sei, einen neuen König für Israel auszusuchen. „Geh in das Haus von Isai in Bethlehem", sagte Gott. „Ich will, dass einer seiner Söhne König wird."

Samuel hörte darauf. Er ging nach Bethlehem und fand Isai und seine Familie. Zuerst sah Samuel Isais ältesten Sohn. *Er sieht aus wie ein König! Ich wette, das ist er!* dachte Samuel.

„Nein, der nicht", sagte Gott. Und dann erinnerte er Samuel an etwas: „Du kannst nur das Äußere von Menschen sehen, aber ich sehe, was wirklich in ihrem Herzen ist." Samuel sah sich alle sieben Söhne

Isais an, einen nach dem anderen. Aber Gott wählte keinen von ihnen aus!

Samuel war ganz durcheinander und ratlos. Darum sagte er zu ihrem Vater: „Isai, hast du noch mehr Söhne?"

„Na ja, meinen jüngsten Sohn, David, habe ich nicht mitgebracht", sagte Isai. „Er ist noch zu jung. Er passt zu Hause auf unsere Schafe auf."

„Bring ihn her!" sagte Samuel.

Als David ankam, sagte Gott zu Samuel: „Das ist er! David wird der König von Israel werden!"

David war zu diesem Zeitpunkt noch jung, aber Gott entschied, dass er König werden würde, sobald er älter wäre. Von diesem Augenblick an war Gott mit David und half ihm, ein guter Anführer zu sein.

DAVID UND DER RIESE

AUS 1. SAMUEL 17

Die Philister waren Menschen, die Gott nicht lieb hatten und auch Israel nicht mochten. Eines Tages schickten sie eine Armee zu den Israeliten, um sie anzugreifen.

Einer der Soldaten der Philister war ein Riese, der Goliat hieß. Er war nicht nur riesig, sondern auch stark und böse. Goliat brüllte das Volk Israel an: „Schickt mir jemanden, der mit mir kämpft! Wenn er mich besiegt, habt ihr gewonnen. Aber wenn ich ihn besiege, haben wir gewonnen!"

Aber keiner der Israeliten wollte gegen ihn kämpfen. Er war zu groß und zu stark.

Da kam David ins Lager spaziert. David war noch jung, aber weil er ein Hirte war, kannte er sich mit Gefahren gut aus. Er beschützte immer seine Schafe. David konnte gut mit der Steinschleuder umgehen. Damit konnte er Steine schnell und hart werfen.

Es kann sein, dass David ein wenig Angst hatte, als er Goliats gewaltige Stimme hörte. *Der Kerl ist echt riesig!*, dachte David. *So groß wie ein Bär – und er brüllt auch so!*

David wusste, dass er noch jung und viel kleiner war als Goliat. Aber David wusste auch, dass Gott viel größer und viel stärker war als jeder Riese. David hielt also seine Steinschleuder in der Hand, sammelte ein paar Steine auf und rannte auf Goliat zu. Goliat lachte böse über David: „Du bist doch nur ein Junge! Du kannst gar nicht gewinnen."

„Das stimmt nicht!" sagte David. „Gott ist mit mir und er wird mir helfen, dich zu besiegen." So heftig, wie er nur konnte, schleuderte David mit seiner Steinschleuder einen Stein auf Goliat. *Wumms!* Der Stein traf den Riesen am Kopf und Goliat fiel um. Mit Gottes Hilfe gewann David den Kampf!

Die Israeliten jubelten. Sie waren in Sicherheit, weil David mutig gewesen war und Gott vertraut hatte.

BESTE FREUNDE

AUS 1. SAMUEL 19 – 20

David war so mutig wie ein Superheld und die Menschen mochten ihn. Der König von Israel – König Saul – war sehr eifersüchtig auf ihn. Er wollte gerne König bleiben. Er wollte nicht, dass David König würde! König Saul wollte außerdem, dass die Menschen ihn mochten und nicht David zujubelten.

Was soll ich nur mit diesem David machen?, fragte sich Saul.

David hatte einen Freund, der Jonatan hieß. Jonatan war der Sohn von König Saul. Jonatan und David waren beste Freunde. Sie verbrachten gerne Zeit miteinander, aßen zusammen und redeten miteinander.

Eines Tages fand Jonatan heraus, dass sein Vater, der König, David etwas Böses antun wollte. Das erzählte Jonatan David sofort: „Du musst weglaufen und dich verstecken! Mein Papa ist wütend auf dich und will dir etwas Schlimmes antun."

Jonatan und David umarmten einander. Sie würden einander wohl nie wieder sehen. David versprach

Jonatan, dass er sich um seine Familie kümmern würde, wenn er König werden würde.

David lief weg und versteckte sich. Er musste sich sehr lange vor Saul verstecken. Aber David und Jonatan blieben Freunde. Jonatan ermutigte David immer, mit Gott zu leben. (So ein Freund ist der beste, den man haben kann!)

König Saul und Jonatan starben in einem Krieg gegen die Feinde von Israel. David war traurig, dass sein Freund gestorben war. Er vermisste Jonatan sehr. Schließlich wurde David König von Israel und er vergaß nicht, was er Jonatan versprochen hatte. König David suchte Jonatans Familie und kümmerte sich um sie.

ICH WILL MIT JESUS LEBEN

David war ein guter Anführer, weil er Gott darum bat, ihm beim Anführen zu helfen, und Gott tat es. Gott half David, Israels bester König zu sein, den es jemals gab. David vergaß nie, dass Gott es gewesen war, der ihn so groß gemacht hatte.

So wie Gott David half, will er *dir* helfen, für andere Menschen da zu sein. Durch dich kann Gott ihnen zeigen, dass er sie lieb hat und sie ihm wichtig sind. Was kannst du also tun, um anderen Gottes Liebe zu zeigen? Jede Menge! Du kannst Freundschaft schließen mit jemandem, der einsam ist. Du kannst jemandem, der etwas braucht, etwas von dem abgeben, was du hast. Du kannst jemandem, der traurig ist, etwas Freundliches sagen. Und, was am wichtigsten von allem ist, du kannst anderen etwas über Gott erzählen.

Herr Jesus, bitte hilf mir, ein guter Freund zu sein.
Ich will anderen helfen. Danke, dass du mich lieb hast.
Bitte hilf mir, anderen zu erzählen, wie sehr du sie lieb hast.
Amen.

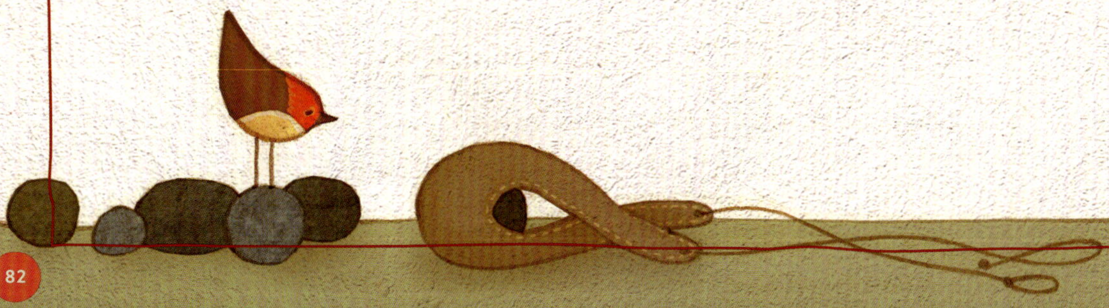

GOTTES PROPHETEN

Ich weiß noch, dass ich als Kind ein paar Mal nicht auf meine Eltern hörte. (Oh-oh!) Das ist immer eine schlechte Idee. Meistens wurde ich am Ende bestraft. Meine Eltern taten das natürlich nicht, weil sie gemein waren. Sie taten es, damit ich lernen würde, was gut ist und was nicht. Sie hatten mich lieb und wollten, dass ich froh und zufrieden leben konnte.

So wie ich nicht immer auf meine Eltern hörte, hörte auch Israel nicht immer auf Gott. Darum schickte Gott ihnen Propheten, die mit ihnen sprechen sollten. (Ein Prophet gibt den Menschen immer weiter, was Gott ihnen sagen will.)

Die Propheten erinnerten das Volk daran, wie lieb Gott sie hatte. Sie sagten den Menschen, dass sie auf Gott hören und ihn auch lieb haben sollten. Und auch zueinander sollten sie freundlich sein und sich gegenseitig nichts Böses tun. Diese guten Dinge sollten auch wir nie vergessen!

Höre mich, Herr, erhöre mich! Dieses Volk soll erkennen, dass du, Herr, allein Gott bist.
1. Könige 18,36 GNB

DAS FEUER AUF DEM BERG

AUS 1. KÖNIGE 18

Lange Zeit nachdem David König gewesen war, vergaßen die Israeliten Gott. Sie hatten ihn nicht mehr lieb und lebten auch nicht mehr mit ihm. Stattdessen liefen sie einem Götzen hinterher (das Wort bedeutet „falscher Gott"). Der Name des Götzen war Baal. Gott war traurig, dass die Israeliten ihn vergessen hatten. Er schickte viele Propheten, um sein besonderes Volk daran zu erinnern, wie sehr er es lieb hatte. Trotzdem liefen sie Baal hinterher. Dann schickte Gott einen Propheten, der Elia hieß. Gott sagte Elia, dass es an der Zeit sei, den Menschen in Israel zu zeigen, dass sie mit Gott leben sollten und nicht mit Baal.

Elia nahm alle mit hinauf auf einen Berggipfel und rief: „Ich werde euch jetzt zeigen, dass Gott der echte Gott ist und Baal ein falscher!

Ich baue einen Altar für Gott und ihr baut einen für Baal. Dann werden wir beten. Wenn Gott der echte Gott ist, wird er Feuer auf meinen Altar schicken. Wenn Baal der echte Gott ist, wird er euch Feuer auf euren Altar schicken." Die Menschen, die Baal hinterherliefen, machten den Anfang. Sie beteten und sangen und tanzten einen ganzen Tag lang für Baal und baten ihn, Feuer zu schicken, aber es kam kein Feuer.

Dann war Elia an der Reihe. Bevor Elia anfing zu beten, begoss er den Altar und alles, was darauf lag, mit Wasser es war so viel Wasser, dass der Graben rund um den Altar sich bis zum Rand füllte. Wie sollte etwas, das so triefend nass war, überhaupt Feuer fangen können? Dann betete Elia: „Gott, zeige Israel, dass du der echte Gott bist! Zeige den Menschen, dass du stark bist. Lass sie erkennen, dass sie mit dir leben sollten!"

Knister! Zissschhhh! Plötzlich schoss wie ein Blitz Feuer vom Himmel herab! Es verbrannte den Altar. Jeder wusste nun, dass Gott der echte Gott ist. Und alle wussten jetzt, dass sie Gott lieb haben und mit ihm leben sollten und nicht mit den Götzen.

VON EINEM FISCH VERSCHLUCKT

AUS JONA 1 – 3

Jona war auch ein Prophet Gottes. Eines Tages sagte Gott zu Jona: „Geh in die Stadt Ninive und erzähl den Menschen dort von mir." Aber Jona wollte nicht gehen. Er wusste, dass die Menschen in Ninive Gott nicht lieb hatten und viele böse Dinge taten. Darum versuchte Jona vor Gott wegzulaufen. Er bestieg ein Schiff, das *weit* weg fuhr von Ninive.

Ein schlimmer Sturm zog auf. Alle hatten riesige Angst. Jona wusste, dass Gott den Sturm geschickt hatte, weil er Jonas Aufmerksamkeit bekommen wollte.

Jona sagte den Menschen auf dem Schiff: „Der Sturm ist meine Schuld! Wenn ihr mich ins Meer werft, dann wird der Sturm aufhören." Also warfen die Menschen Jona ins Meer. Sofort hörte der Sturm auf. Aber Jona war jetzt mitten im Meer. Was sollte er tun?

Dann geschah etwas total Verrücktes. Gott schickte einen riesigen Fisch, der Jona einfach verschluckte! Jona passierte dabei nichts. Unverletzt lebte er drei Tage lang im Bauch des Fisches. Dann spuckte der Fisch Jona am Strand aus. Jona war in Sicherheit – aber wahrscheinlich hat er ziemlich gestunken!

Auch wenn er jetzt ein bisschen nach Fisch roch, war Jona endlich bereit, auf Gott zu hören. Er ging nach Ninive und erzählte den Menschen von Gott. Sie hörten Jona zu und beschlossen, mit Gott zu leben.

Jona lernte dabei, dass Gott jeden Menschen lieb hat, auch wenn er schlimme Dinge tut.

ICH WILL MIT JESUS LEBEN

Gott schickte Israel viele Propheten, die den Leuten helfen sollten, mit Gott zu leben. Diese Propheten waren freundliche Menschen, die auf Gottes Stimme hörten und Israel halfen, indem sie den Israeliten das sagten, was Gott ihnen mitteilen wollte. Aber der größte Prophet von allen ist Jesus! Jesus ist sogar besser als Elia oder Jona – weil Jesus nicht nur ein Prophet, sondern Gott selbst ist!

Jesus kam vom Himmel auf die Erde, weil er uns zeigen wollte, was Gott über uns denkt. Jesus wollte uns auch zeigen, wie wir mit Gott leben können.

Weißt du, welche Botschaft Jesus uns gebracht hat?
Dass Gott uns immer und auf jeden Fall lieb hat –
und das mehr, als wir es uns je vorstellen können.
Das ist Gottes Botschaft für dich und für mich.

Danke, Herr Jesus, dass du mich immer und auf jeden Fall lieb hast, und das mehr, als ich es mir je vorstellen kann! Zeig mir, wie ich dich noch besser lieb haben, mit dir leben und auf dich hören kann. Amen.

DER FEUEROFEN

Manche Menschen wissen nicht, dass Gott sie lieb hat. Vielleicht glauben sie noch nicht einmal, dass es Gott gibt. Aber Gott sind diese Menschen trotzdem wichtig. Gott will, dass sie ihn kennenlernen.

Wenn wir mit Gott leben, kann er anderen Menschen durch uns zeigen, dass er mächtig und gut und toll ist. Genau das hat Gott in dieser Geschichte mit den drei Freunden getan, die so lustige Namen haben. Sie mussten sich entscheiden, ob sie mit Gott leben wollten oder nicht. Sie haben das Richtige getan: Sie haben auf Gott gehört und das war gut so, denn Gott hat auf sie aufgepasst. Und weil diese drei jungen Männer auf Gott hörten, erfuhren viele Menschen von Gott.

Schadrach, Meschach und Abed-Nego aber antworteten dem König …: „Wir wollen uns gar nicht vor dir rechtfertigen. Wenn der Gott, den wir verehren, es will, kann er uns ganz bestimmt retten … aus dem brennenden Feuerofen."
Daniel 3,16 NLB

AUS DEM FEUER GERETTET

AUS DANIEL 3

Eines Tages ließ der König von Babylon eine riesige goldene Statue machen. Dann befahl er allen, sich vor der Statue niederzuknien und sie anzubeten.

Alle gingen auf ihre Knie und beteten die goldene Statue an – alle, bis auf drei mutige Männer, die Schadrach, Meschach und Abed-Nego hießen. Diese drei Männer waren Israeliten und hatten Gott lieb. Sie wussten, dass sie nur mit dem echten Gott leben sollten und nicht mit einem Götzen. Sie wollten sich nicht vor einer Statue verbeugen – also taten sie es auch nicht!

Das machte den König richtig zornig. Diese drei Männer hörten nicht auf ihn! Darum ließ er Schadrach, Meschach und Abed-Nego von seinen Soldaten fesseln und in einen großen Ofen werfen, in dem ein sehr heißes Feuer brannte.

Der König warf einen Blick in den riesigen Ofen mit seinem prasselnden Feuer – und dann noch einen. Etwas war komisch! Er zählte die Männer: eins … zwei … drei … VIER!

Vier Männer? Es sollten doch nur drei dort drin sein … Und die Männer verbrannten ja gar nicht! Sie liefen einfach im Feuer umher. Sie sahen aus, als wären sie froh, zusammen zu sein!

Der König war durcheinander – und erschrocken. „Seht doch!", kreischte er. „Da drin sind vier Leute! Und der vierte sieht aus wie der Sohn Gottes!"

Der König bat Schadrach, Meschach und Abed-Nego, aus dem Feuer herauszukommen. Als sie wieder draußen waren, staunten alle. Die drei Männer hatten nämlich nicht die kleinste Brandwunde! Sie rochen noch nicht einmal nach Rauch! Gott hatte sie gerettet.

Der König wusste nun, dass es unrecht gewesen war, von allen zu verlangen, seine Statue anzubeten. Er sagte den Menschen, dass sie mit dem echten Gott leben sollten – dem Gott, der Schadrach, Meschach und Abed-Nego gerettet hatte.

ICH WILL MIT JESUS LEBEN

Der König sah vier Männer im Feuer! Weißt du, wer der vierte Mann war? Dort in dem brausenden Feuer bei Schadrach, Meschach und Abed-Nego? Es war Jesus! Er war dort, um auf die drei Freunde aufzupassen.

Schadrach, Meschach und Abed-Nego hatten wahrscheinlich Angst, als der König seinen Soldaten befahl, sie ins Feuer zu werfen, aber sie vertrauten Gott. Sie wussten, dass Gott sie aus dem Feuer retten konnte – und Gott hat es auch getan.

Auch viele andere Menschen sahen dabei zu, wie Gott sie rettete! Und genauso wie Schadrach, Meschach und Abed-Nego konnten deshalb alle diese Leute jedem erzählen, wie gut und wie stark Gott ist und wie sehr er uns alle lieb hat.

Manchmal haben wir ein bisschen Angst davor, das Richtige zu tun, aber denk daran: Gott wird auf dich aufpassen, wenn du das tust, was er von dir möchte.

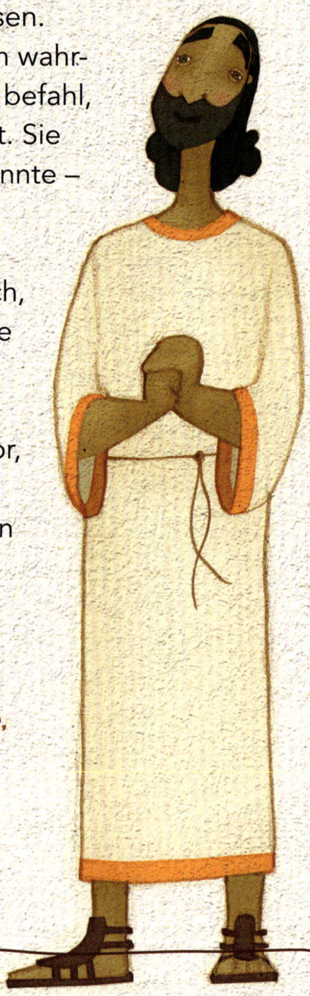

Lieber Herr Jesus, ich weiß, dass du immer bei mir bist, auch dann, wenn ich Angst davor habe, das Richtige zu tun. Hilf mir, auf dich zu hören, auch wenn ich Angst habe. Ich will wirklich das tun, was du von mir möchtest! Amen.

DANIEL

Hattest du schon einmal einen Freund, der dir solche bösen Dinge vorgeschlagen hat, wie jemandem etwas wegzunehmen, das nicht dir gehörte, oder gemein zu jemandem zu sein?

Als ich noch ein Kind war, wollten einige Freunde mich dazu bringen, etwas Böses zu tun. Ich wollte mit Gott leben – aber ich wollte auch, dass meine Freunde mich mochten. Ich wollte nicht, dass sie mich auslachten oder nicht mehr meine Freunde sein wollten. Ich musste eine schwere Entscheidung treffen! Aber es ist wichtiger, mit Gott zu leben und auf ihn zu hören als auf irgendjemanden sonst, noch nicht einmal auf deine Freunde. Wenn jemand dir sagt, dass du etwas tun sollst, von dem du weißt, dass es böse ist, sag einfach: „Nein, ich werde mit Gott leben und auf ihn hören – und du solltest das auch tun!" Genau das hat Daniel in der nächsten Geschichte getan.

Dreimal täglich kniete er (Daniel) … nieder, um seinen Gott zu preisen und seine Bitten vor ihn zu bringen.
Daniel 6,11 GNB

KEIN LÖWENFUTTER

AUS DANIEL 6

Daniel war ein weiterer von Gottes Propheten. Er lebte in der Stadt Babylon. Daniel war ehrlich und klug und freundlich, und der König von Babylon mochte ihn.

Aber einige böse Menschen waren neidisch auf Daniel, weil der König Daniel lieber mochte als sie.

Sie wollten Daniel etwas Böses antun, darum legten sie den König herein, sodass dieser ein sehr dummes Gesetz machte. Das Gesetz besagte, dass die

Menschen nur zum König beten durften – und zu niemandem sonst. Wenn jemand nicht darauf hörte, würde er in eine Löwengrube geworfen werden – ein großes Erdloch, in dem ein paar hungrige Löwen auf ihn warteten.

Als Daniel von dem neuen Gesetz erfuhr, hatte er trotzdem keine Angst davor. Er wusste, was richtig war, darum betete er trotzdem weiter zu Gott.

Die bösen Menschen sahen, wie Daniel betete, und sagten es sofort dem König: „Oh König! Dein Freund Daniel hat nicht auf dein Gesetz gehört! Er hat zu Gott gebetet. Er muss sterben!"

Der König wurde traurig. Er wollte nicht, dass Daniel von den Löwen aufgefressen würde, aber der König musste das Gesetz befolgen. Darum wurde Daniel in die Löwengrube geworfen. Der König ging nach Hause. Aber er machte sich so viele Sorgen um Daniel, dass er weder zu Abend essen noch schlafen gehen konnte.

Am nächsten Morgen lief der König schnell zur Löwengrube und brüllte: „Daniel! Lebst du noch? Hat dein Gott dich gerettet?"

Daniel brüllte zurück: „Es geht mir gut! Gott hat einen Engel geschickt, der die Löwen davon abgehalten hat, mich zu fressen!"

Der König war sehr froh, dass Daniel in Sicherheit war. Und darüber, dass Gott Daniel gerettet hatte, staunte er so sehr, dass er ein neues Gesetz machte – der König sagte allen, dass sie mit Gott leben sollen!

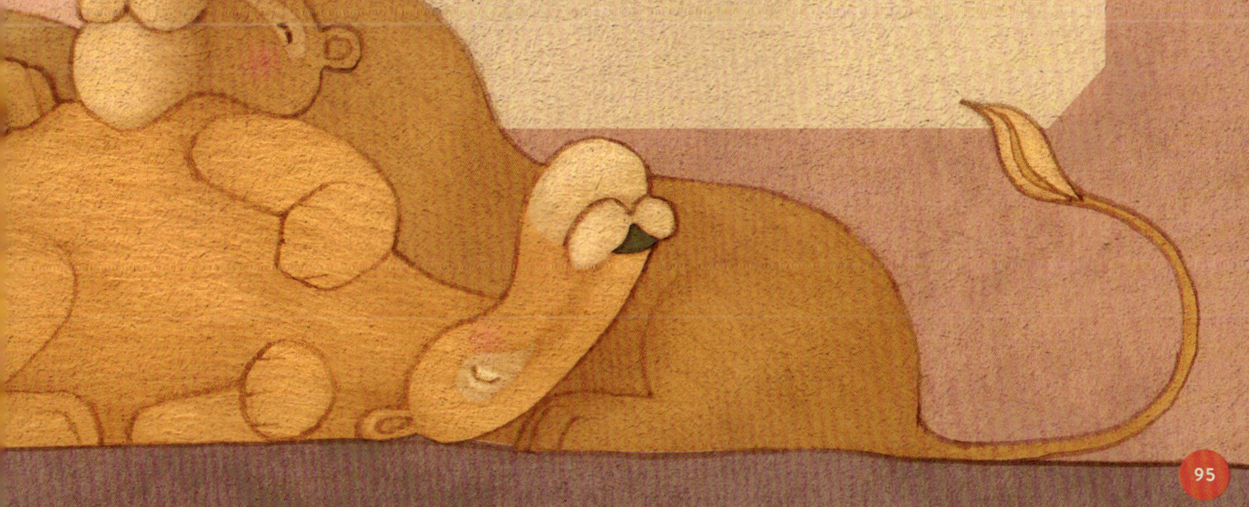

ICH WILL MIT JESUS LEBEN

Kannst du dir vorstellen, wie es wäre, von Löwen – *riesigen, hungrigen* Löwen – umringt zu sein? Daniel hatte sicher große Angst! Aber was wäre, wenn plötzlich ein Engel vor dir auftaucht? Dann hättest du keine Angst mehr! Dann wüsstest du, dass Gott bei dir ist.

Daniel wusste, dass es besser war, das zu tun, was Gott will, und nicht das, was andere Menschen wollen. Daniel wusste auch, dass er dabei keine Angst haben musste, denn Gott würde auf ihn aufpassen.

Gott kann auch dir helfen, das zu tun, was er von dir möchte. Gott hat dich lieb, er ist bei dir und du kannst ihm vertrauen.

Danke, Herr Jesus, dass du immer bei mir bist. Hilf mir, das zu tun, was du möchtest – ganz egal was andere über mich sagen. Ich will mit dir leben. Amen.

ESTER

Hattest du schon einmal Angst? Wenn ja, dann ist das schon in Ordnung. Jeder von uns hat manchmal Angst. Wir haben Angst vor dem Alleinsein, vor der Dunkelheit, vor bissigen Hunden oder vor einer bösen Person in der Schule. Wenn wir Angst haben, hilft Gott uns, mutig zu sein. Er sagt uns, dass wir ihm vertrauen können, dass er uns lieb hat und dass er immer bei uns sein wird. In dieser Geschichte lernte eine junge Frau, die Ester hieß, Gott zu vertrauen und auch dann mutig zu sein, als sie Angst hatte.

Wer weiß, ob du nicht gerade dafür in dieser Zeit Königin geworden bist?
Ester 4,14 EÜ

EINE SEHR MUTIGE KÖNIGIN

AUS ESTER 1 – 9

Ester war eine Israelitin. Sie war freundlich und sehr schön und sie hatte Gott lieb. Ester lebte bei ihrem Onkel Mordechai, der Gott auch lieb hatte.

Eines Tages wollte der König von Persien eine Frau finden, die Königin werden sollte. Er suchte überall nach der schönsten und wunderbarsten Frau. Als er Ester fand, gefiel sie ihm am besten. Ester wurde Königin.

Aber es gab einen bösen Mann. Er hieß Haman und mochte Esters Onkel Mordechai nicht. Haman war so wütend auf Mordechai, dass er allen Israeliten etwas Böses antun wollte. „Sprich mit dem König!", sagte Mordechai zu Ester. „Erzähl ihm von Haman. Erzähl ihm, dass wir alle in Gefahr sind." Ester sagte: „Es gibt ein Gesetz, in dem steht, dass ich nur dann mit dem König sprechen darf, wenn er mich

zu sich ruft. Ich könnte sonst getötet werden! Außerdem ist Haman mit dem König befreundet."

Aber weil Ester sehr mutig war, entschied sie sich, zum König zu gehen, obwohl er sie nicht zu sich gerufen hatte.

Klopf-klopf-klopf … Ester klopfte an die Tür des Königs. Der König war überhaupt nicht wütend! Er war sogar sehr froh, Ester zu sehen.

„Was brauchst du, Ester? Ich werde dir alles geben."

„Rette mein Leben!", sagte Ester. „Dein Freund Haman will alle Israeliten töten, auch meinen Onkel und mich."

Der König sagte: „Das werde ich nicht zulassen!" Er stoppte Hamans bösen Plan. Er ließ nicht zu, dass irgendjemand Ester oder ihrem Volk etwas Böses antat. Weil Ester mutig war, rettete sie Israel aus der Gefahr.

ICH WILL MIT JESUS LEBEN

Es ist in Ordnung, manchmal ängstlich zu sein – aber du musst nicht ängstlich *bleiben.* Vergiss nicht, dass Gott bei dir ist. Du kannst ihn nicht sehen, aber er ist da! Er passt auf dich auf und hilft dir.

Wenn du also Angst hast, versuche, nicht so viel über das nachzudenken, was dir Angst macht. Denk lieber an Jesus. Denk daran, wie groß und stark er ist. Denk daran, wie lieb dich Jesus hat. Und vergiss nicht, dass er immer auf dich aufpasst!

Danke, Herr Jesus,
dass du mir hilfst, mutig zu sein.
Ich fühle mich mutiger, wenn ich
daran denke, dass du immer
bei mir bist! Ich vertraue dir –
und ich liebe dich. Amen

NEUES TESTAMENT

MARIA

Als ich noch jünger war, habe ich mir immer gerne Fußballspieler im Fernsehen angeschaut und mir vorgestellt, wie es wohl wäre, auch so berühmt zu sein. Es wäre doch toll, wenn die anderen mir zujubeln würden. Manchmal kam ich mir nämlich nicht so besonders oder wichtig vor, und ich dachte, dass ich mich bestimmt richtig wichtig fühlen würde, wenn ich berühmt wäre. Aber das stimmt nicht! Du und ich, wir sind schon jetzt wichtig – richtig wichtig –, weil Gott uns gemacht hat und er uns lieb hat. Und weil Gott ganz besondere Dinge für uns vorbereitet hat, die nur wir tun können. Genau das hat Maria in der nächsten Geschichte herausgefunden.

Da sagte Maria: „Von ganzem Herzen lobe ich den Herrn. Und vor Begeisterung jubele ich über Gott, meinen Retter."
Lukas 1,46–47 ÜFK

EIN SELTSAMER BESUCHER

AUS LUKAS 1

Eines Tages erlebte das Mädchen Maria etwas sehr Seltsames. So etwas hatte sie noch nie erlebt. Vor ihr erschien ein Engel! Zuerst hatte Maria Angst. *Wer ist dieser Engel? Und w-w-was will er hier?*

„Hab keine Angst, Maria!", sagte der Engel zu ihr. „Gott hat dich lieb. Er hat dich ausgesucht, um etwas sehr Wichtiges und Wunderbares zu tun. Du sollst ein Baby bekommen. Dieses Baby wird Gottes Sohn sein! Er soll Jesus heißen." Maria riss die Augen auf. Sie war total überrascht. Sie wusste nicht, wie das passieren sollte, und sie war sich auch nicht sicher, ob sie schon Mama sein konnte!

Aber sie vertraute Gott und sagte dem Engel: „Ich werde tun, was Gott von mir möchte. Ich weiß, dass Gott Wunder tun kann." Maria wurde schwanger, so wie der Engel es gesagt hatte. Sie war so aufgeregt! Sie wusste, dass ihr Baby etwas ganz Besonderes war. Und sie war froh, dass Gott sie gebeten hatte, die Mama von diesem Baby zu sein.

ICH WILL MIT JESUS LEBEN

Maria vertraute Gott. Sie glaubte, dass Gott etwas ganz Tolles tun würde und dass sie ihm dabei helfen durfte – und so war es dann auch wirklich! Sie konnte sich nicht vorstellen, was genau Gott mit ihr vorhatte, aber sie war bereit, ihm zu vertrauen und mit ihm zu leben. Und während sie das tat, wurde Gottes Plan Stück für Stück klarer.

Manchmal siehst du vielleicht nicht, was Gott mit dir vorhat. Du fragst dich vielleicht, ob du wichtig für ihn bist. Ja, das bist du! Er hat dich gemacht, er hat dich lieb und er hat einen besonderen Plan für dein Leben. Und wie bei Maria wird Gottes Plan für dich aufregend sein und vielleicht auch überraschend. Sei einfach bereit, ihm zu vertrauen und mit ihm zu leben. Gott wird etwas ganz Tolles durch dich tun!

Danke, Herr Jesus, dass du mich so gemacht hast, wie ich bin, und dass du mich lieb hast. Ich weiß, dass du einen ganz besonderen Plan für mein Leben hast. Ich will dir vertrauen und mit dir leben. Amen.

JESUS WIRD GEBOREN

Ich erinnere mich noch daran, wie jedes meiner drei Kinder geboren wurde. Ich war so glücklich und stolz und begeistert! Ich hatte sie von ganzem Herzen lieb. Ich konnte nicht aufhören, diese neuen kleinen Menschen mit großen Augen anzusehen und darüber zu staunen, was Gott da geschaffen hatte.

Hast du schon einmal ein kleines Baby auf dem Arm gehabt? Was ist dir dabei besonders aufgefallen? Die winzigen Finger und Fingernägel? Die weichen Haare? Die kleine Stupsnase? Babys können noch nicht viel, außer schlafen, trinken und schreien, aber trotzdem sind sie etwas ganz Besonderes!

Jesus war das außergewöhnlichste Baby von allen. Weißt du warum? Weil Jesus Gott ist. Jesus kam auf die Erde, um uns allen zu helfen, Gottes Freunde zu werden. Dabei fing Jesus als kleines Baby an, so wie du und ich. Aber als er größer wurde, merkten die Menschen, dass er der König der Könige und der Retter der Welt war.

Gott hat die Welt so sehr geliebt, dass er seinen einzigen Sohn hingab, damit jeder, der an ihn glaubt, nicht verloren geht, sondern das ewige Leben hat.
Johannes 3,16 NLB

EIN BABY IN EINER KRIPPE

AUS LUKAS 2

Maria war hochschwanger. Sie hatte einen riesigen Bauch! Sehr bald würde Jesus zur Welt kommen! Aber Maria musste mit Josef, dem Mann, den sie heiraten würde, auf eine lange Reise gehen. Sie mussten in die Stadt Bethlehem gehen.

Als sie in Bethlehem ankamen, gab es ein Problem. Es gab keinen Ort, wo sie übernachten konnten. *Klopf-klopf.* „Tut uns leid! Wir haben kein freies Zimmer!" *Klopf-klopf.* „Tut uns leid! Wir haben kein freies Zimmer!"

Alle Gasthöfe waren voll! Was sollten Josef und Maria jetzt tun? Schließlich fanden sie einen Platz zum Schlafen – einen Stall! Dort waren jede Menge Tiere und wahrscheinlich roch es dort auch ziemlich schlecht, aber es war der einzige Platz, den sie finden konnten.

Kurz darauf wurde Jesus geboren. Maria wickelte den kleinen Jesus in Tücher, damit er es warm hatte. Als es Schlafenszeit für ihn war, legte sie ihn in eine Krippe. Die Menschen in der Stadt wussten noch nicht, dass das kleine Baby, das in der Krippe schlief, Gott war. Und dass er eines Tages ihr Retter sein würde.

EIN HIMMEL VOLLER ENGEL

AUS LUKAS 2

In derselben Nacht, in der Jesus geboren wurde, waren Hirten auf den Feldern in der Nähe und hüteten ihre Schafe. *Määääh-määäh*, machten die Schafe leise in dieser friedlichen Nacht. Plötzlich erschien ein Engel, der heller strahlte als die Sonne, und die Hirten erschraken. Mit aufgerissenen Augen und offenen Mündern standen sie da. Was würde als Nächstes passieren?

Aber der Engel sagte: „Habt keine Angst! Ich habe eine frohe Botschaft – eine Botschaft, die euch und alle, die sie hören werden, froh machen wird! Heute wurde euer Retter geboren. Er heißt Jesus.

Geht und besucht ihn! Er ist in Tücher gewickelt und schläft in einer Krippe – so werdet ihr in finden."

Und dann erschienen noch viel mehr Engel. Der Himmel war voll von ihnen! Sie lobten Gott mit solch schönen Liedern, wie die Hirten sie noch nie gehört hatten. „Gott ist größer als alles und alle! Er will Frieden mit allen Männern, Frauen und Kindern, weil er euch so sehr lieb hat!" Als die Engel wieder verschwanden, sagten die Hirten zueinander: „Los, lasst uns dieses Baby besuchen, von dem der Engel uns erzählt hat!"

So schnell sie nur konnten, liefen sie nach Bethlehem. Sie fanden Maria und Josef und sie sahen Jesus in der Krippe liegen. Die Hirten freuten sich sehr darüber, dass sie Jesus gefunden hatten. Als sie wieder zurückgingen, erzählten sie allen, dass Jesus, der Retter, geboren worden war.

„FOLGT DIESEM STERN“

AUS MATTHÄUS 2

Nachdem Jesus geboren worden war, sahen ein paar weise Männer in einem fernen Land einen besonderen Stern am Himmel. Sie wussten, dass dieser Stern eine Bedeutung hatte: In Israel war ein König geboren worden.

Klipp-klapp, klipp-klapp. Sie beschlossen, auf ihre Kamele zu steigen und diesen König zu suchen, um ihm Geschenke zu bringen. Sie folgten dem Stern am Himmel.

Die Männer kamen nach Jerusalem und fragten die Menschen nach dem neuen König, aber niemand wusste mehr als das, was die Propheten früher einmal gesagt hatten, nämlich dass er in Bethlehem geboren werden würde. Die Menschen wussten auch noch nicht, dass der kleine Jesus ihr Retter und König sein würde.

Als der König von Judäa, ein Mann mit dem Namen Herodes, hörte, dass ein paar weise Männer auf der Suche nach einem König waren, war er darüber nicht sehr glücklich. Kein anderer sollte König werden! Er allein wollte König sein – und zwar noch sehr lange!

Aber zu den weisen Männern sagte Herodes: „Wenn ihr diesen kleinen König findet, kommt und sagt mir Bescheid. Ich will ihn auch anbeten!" König Herodes log! Er wollte den neuen König überhaupt nicht anbeten. Herodes wollte ihm etwas Böses antun.

Die weisen Männer gingen nach Bethlehem. Der Stern war weitergezogen und hatte genau dort angehalten, wo Jesus war. Die weisen Männer hatten den echten König gefunden – Jesus! Sie verbeugten sich vor ihm und beteten ihn an. Dann öffneten sie ihre Schatzkisten und gaben dem kleinen Jesus ganz besondere Geschenke.

In der Nacht sagte ein Engel den weisen Männern, dass sie nicht zu König Herodes zurückkehren dürften. Darum zogen sie auf einem anderen Weg zurück nach Hause und berichteten Herodes nicht, wo Jesus war.

Gott half den weisen Männern, Jesus zu finden, und er beschützte Jesus vor dem bösen König, der ihm etwas antun wollte.

ICH WILL MIT JESUS LEBEN

Jesus war zwar noch ein kleines Baby, aber Gott hatte Maria und Josef gesagt, dass er der König aller Könige und der Retter der Welt sein würde. Deshalb waren Maria und Josef so froh. Deshalb kamen die Hirten, um ihn zu besuchen. Und deshalb brachten die weisen Männer ihm Geschenke.

Was war so besonders an Jesus? Jesus ist Gott! Und er kam auf die Erde, damit die Menschen erleben können, dass ihre Sünden vergeben werden, und damit sie Gott besser kennenlernen können.

Als Jesus geboren wurde, wurde *alles* anders. Jetzt war Gott nicht mehr nur im Himmel; er lebte *bei* den Menschen. Als Jesus geboren wurde, fing Gottes toller Plan an, nämlich uns von Sünde, Leid und Tod zu retten. Und dieser Plan gilt auch für dich!

Jesus, ich bin so froh, dass du geboren wurdest! Ich weiß, dass du auf die Erde gekommen bist, um mich von der Strafe für meine Sünden zu retten, weil du mich lieb hast und willst, dass ich dich auch lieb habe. Amen.

JESUS IM TEMPEL

Verreist du auch gerne? Vielleicht zu deiner Oma oder ans Meer oder in einen Freizeitpark? Aber es ist auch immer schön, wenn man danach wieder nach Hause kommt, oder?

Worauf freust du dich zu Hause am meisten? Bei mir sind es zwei Sachen: dass ich meine drei tollen Kinder wiedersehe, wenn ich ohne sie weg war, und dass ich nachts wieder auf meinem eigenen, super-bequemen Kissen schlafen kann.

Jesus hatte ein Zuhause bei seinen Eltern Maria und Josef. Aber sein echtes Zuhause war bei Gott, seinem Vater. Darum ging Jesus gerne in den Tempel. Der Tempel war Gottes Haus und darum auch das Haus von Jesus.

Jesus antwortete ihnen: „Warum habt ihr mich gesucht? Wusstet ihr nicht, dass ich im Haus von meinem Vater sein muss?" Lukas 2,49 ÜFK

„DAS IST MEIN HAUS“

AUS LUKAS 2

Als Jesus zwölf Jahre alt war, nahmen seine Eltern ihn mit zu einem besonderen Fest nach Jerusalem. Das Fest hieß Passahfest. Zu Fuß gingen sie zusammen mit vielen anderen Leuten den weiten Weg in die große Stadt.

Als das Fest vorbei war, machten sich die Eltern von Jesus mit ihrer Familie und ihren Freunden auf den Heimweg. Josef dachte, Jesus sei bei Maria, und Maria dachte, Jesus sei bei Josef.

Beide irrten sich! Jesus war noch in Jerusalem. Sie hatten ihn dort versehentlich zurückgelassen!

Geht es Jesus gut? Was ist, wenn ihm etwas Schlimmes zugestoßen ist?, fragten sie sich. Maria und Josef liefen so schnell sie konnten zurück nach Jerusalem und suchten ihren Sohn überall in der Stadt. „Jesus! *Jesus!*“, riefen sie.

Als sie Jesus endlich fanden, war er im Tempel! Er weinte nicht. Er war nicht allein. Er schien überhaupt keine Angst zu haben. Er hörte den Lehrern, die man Rabbis nannte, zu. Er stellte ihnen Fragen über Gott – und beantwortete einige ihrer Fragen über Gott!

Die Rabbis staunten darüber!

Als Maria und Josef ihn fanden, sagte Jesus: „Warum macht ihr euch Sorgen? Gott ist mein Vater, und das ist mein Haus. Bei Gott bin ich glücklich und bei ihm bin ich in Sicherheit."

ICH WILL MIT JESUS LEBEN

In der Bibel steht, dass Gott unser Vater ist. Darum ist es wie zu Hause sein, wenn wir bei ihm sind. Bei ihm fühlen wir uns wohl, bei ihm sind wir glücklich und in Sicherheit.

Der Tempel war für Jesus eine gute Möglichkeit, mit Gott zusammen zu sein. Wie kannst du mit Gott zusammen sein? Eine Möglichkeit ist, in eine Gemeinde zu gehen, wo du betest, Gott Lieder singst und etwas darüber lernst, wie lieb Gott dich hat.

Aber Gott ist nicht nur in der Gemeinde. Er ist überall und er ist immer bei dir. Du kannst jederzeit mit ihm reden – wenn du morgens aufstehst, wenn du zu Mittag isst, wenn du deine Hausaufgaben machst, wenn du ins Bett gehst und jederzeit dazwischen – und egal wo du gerade bist – in deinem Zimmer, im Auto, auf dem Fußballplatz, bei deinen Freunden oder in der Schule. Wenn du mit ihm zusammen bist und zu ihm betest oder ihm Lieder singst, fühlst du dich wie zu Hause.

Danke, Herr Jesus, dass du immer bei mir bist. Ich weiß, dass ich jederzeit mit dir reden kann und dass du mich immer hörst. Und ich weiß, dass du mich lieb hast und dass ich mich bei dir zu Hause fühlen kann – zufrieden, glücklich und in Sicherheit. Amen.

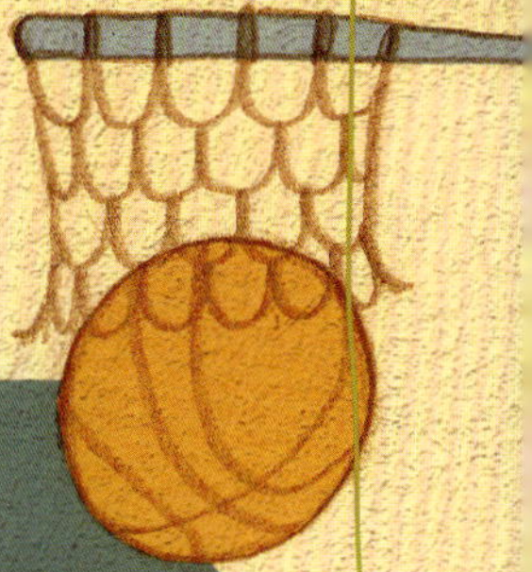

JESUS WIRD GETAUFT

Ich spiele unheimlich gerne Basketball. Als Kind war ich sogar in einer Basketballmannschaft. Wenn ich irgendwann mal bei einem Spiel mit dem Ball in den Korb traf, hörte ich, wie mein Papa oder meine Mama laut riefen: „Gut gemacht, mein Sohn!“. Das war so toll! Ich freute mich, dass sie so stolz auf mich waren.

Wusstest du, dass Gott auch stolz auf dich ist? Du machst ihn so glücklich, dass er sich jedes Mal freut, wenn er dich ansieht. In dieser Geschichte sagte Gott zu Jesus: „Ich bin stolz darauf, dass du mein Sohn bist.“

Sobald Jesus getauft war, stieg er aus dem Wasser. Da öffnete sich der Himmel, und er sah den Geist Gottes wie eine Taube auf sich herabkommen.
Matthäus 3,16 GNB

„DAS IST MEIN SOHN“

AUS MATTHÄUS 3

Jesus hatte einen Cousin, der Johannes hieß. Johannes war ganz anders als die meisten anderen Menschen. Er lebte in der Wüste, trug Kleidung aus Kamelhaaren, und er aß Heuschrecken und wilden Honig. Johannes hatte Gott und auch Jesus von ganzem Herzen lieb. Johannes erzählte jedem von Jesus. Er sagte

den Menschen, dass sie Jesus zuhören, ihm glauben und auf ihn hören sollten. Durch Johannes glaubten viele Menschen an Jesus.

Dann passierte etwas, was richtig toll war – es kamen Menschen zu Johannes, für die Gott noch nie im Leben wichtig gewesen war. Sie wollten unbedingt mehr erfahren. Darum taufte Johannes viele von ihnen in einem Fluss, indem er sie ganz kurz unter Wasser tauchte. Das zeigte, dass die Menschen beschlossen hatten, Gott zu lieben, auf ihn zu hören und mit ihm zu leben.

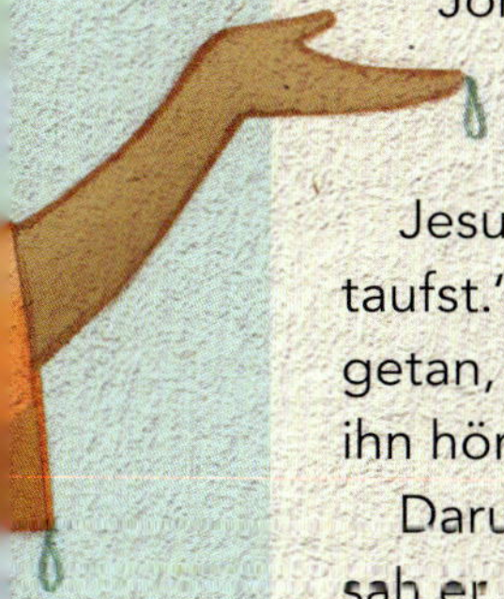

Eines Tages ging Jesus zu Johannes, um sich auch taufen zu lassen! Johannes war sehr überrascht, weil er wusste, dass Jesus nie irgendetwas Böses getan hatte. Noch kein einziges Mal! Darum sagte Johannes zu Jesus: „*Du* solltest eigentlich *mich* taufen!"

Jesus lächelte und sagte: „Nein, Johannes. Gott will, dass du mich taufst." Johannes hatte Recht. Jesus hatte noch nie irgendetwas Böses getan, aber Jesus wollte zeigen, dass er Gott lieb hatte und immer auf ihn hörte.

Darum taufte Johannes Jesus. Als Jesus aus dem Wasser auftauchte, sah er, wie Gottes Geist wie eine Taube vom Himmel herunterkam, und er hörte eine Stimme aus dem Himmel. Es war Gottes Stimme! „Das ist mein Sohn und ich habe ihn lieb! Er macht mich so froh und sehr stolz!"

Der Vater im Himmel freute sich über Jesus und rief ihm begeistert vom Himmel aus zu – genauso wie mein Papa und meine Mama mir beim Basketballspiel begeistert zugerufen hatten!

ICH WILL MIT JESUS LEBEN

Wenn du Jesus lieb hast, gehörst du automatisch zu Gottes Familie. Du bist Gottes Sohn oder Tochter, und er liebt dich mehr, als irgendjemand anders auf der Welt dich liebt.

Selbst wenn du mal was Schlimmes getan hast – und das passiert jedem Menschen auf der Erde –, liebt Gott dich immer noch. Er freut sich, dass du in seiner Familie bist, dass du sein Sohn oder seine Tochter bist und zu ihm gehörst.

Wenn Gott dich sieht, will er (wie damals bei Jesus) vom Himmel aus zu dir herunterrufen: „Du bist mein Kind! Ich liebe dich! Und ich bin so stolz auf dich!"

Danke, Herr Jesus, dass du mich anfeuerst und mich lieb hast, ganz egal, was ich tue. Ich freue mich, dass ich für dich etwas Besonderes bin und dass du stolz auf mich bist. Amen.

DER GESCHICHTENERZÄHLER

Welche Gutenachtgeschichten gefallen dir am besten? Magst du gerne lustige Geschichten? Oder Gruselgeschichten? Oder Geschichten mit einem Superhelden?

Während Jesus als Mensch auf der Erde lebte, war er der beste Geschichtenerzähler aller Zeiten. Er konnte Geschichten über Gott erzählen. Mit diesen Geschichten konnte Jesus den Menschen zeigen, wie lieb Gott sie hatte, wie Gott ihnen helfen wollte und wie sie besser mit Gott leben konnten.

Jesus sprach nicht nur mit Menschen, die alles richtig machten. Er erzählte gerne allen, dass Gott sie lieb hatte, auch denen, die etwas Schlimmes getan hatten (und das haben wir doch alle schon mal, oder?).

„Hört euch diese Geschichte an …"
Matthäus 21,33

„WER IST MEIN NÄCHSTER?"

AUS LUKAS 10

Die Menschen hörten Jesus gerne zu, weil seine Geschichten spannend waren und zeigten, wie man glücklicher und freundlicher sein konnte. Eines Tages sprach Jesus über etwas, das ziemlich am Anfang der Bibel steht. „Liebe deinen Nächsten." Die Menschen, die mit ihm lebten, sollten wissen, dass das immer noch sehr wichtig ist. Jemand fragte: „Aber wer *ist* denn mein Nächster? Der auf der anderen Straßenseite? Der hinter meinem Haus?

Der nebenan? Der vier Häuser weiter?" Also erzählte Jesus eine Geschichte über einen jüdischen Mann, der eine Reise machte. Während der Mann eine Straße entlang lief, sprangen ihm plötzlich ein paar böse Männer in den Weg! Sie raubten ihm alle seine Sachen, verprügelten ihn und rannten dann weg und ließen ihn einfach am Straßenrand liegen.

Ein Priester kam vorbei. Er sah, dass der Mann Hilfe brauchte, aber er blieb nicht stehen, um ihm zu helfen. Dann kam jemand vorbei, der im Tempel arbeitete, aber auch er blieb nicht stehen. Dann kam ein Samariter vorbei. Samariter waren Ausländer und die Juden mochten sie nicht besonders. Manche Juden dachten, dass die Samariter Gott nicht liebten.

Aber dieser Samariter ging nicht einfach weiter, sondern half dem Mann! Er verband seine Wunden und bezahlte ihm eine Unterkunft, wo er sich ausruhen konnte, bis es ihm besser ging.

Als Jesus mit der Geschichte fertig war, fragte er die Menschen: „Welcher dieser Männer war der echte Nächste?" Alle sagten: „Der Mann, der dem Verletzten geholfen hat! Der Samariter!" Und sie hatten Recht. Sie verstanden, dass Jesus will, dass wir alle Menschen lieb haben und ihnen helfen, und nicht nur diejenigen, die genauso sind wie wir.

„DU BIST IMMER MEIN SOHN“

AUS LUKAS 15

Jesus erzählte eine Geschichte, um zu zeigen, dass Gott jeden lieb hat – dass er uns alle lieb hat, egal was passiert.

Ein Mann hatte zwei Söhne. Der jüngere Sohn sagte: „Papa, ich weiß, dass du mir eines Tages die Hälfte von allem geben wirst, was dir gehört. Ich will es aber jetzt schon haben. Gibst du es mir?"

Der Vater gab seinem Sohn sein Erbe – und das war sehr viel Geld!

Der Sohn ging von zu Hause weg. Er gab das Geld sehr schnell aus. Er feierte große und teure Partys, kaufte sich alles, was er wollte, und tat alles, was ihm Spaß machte. Bald schon war das ganze Geld weg und der Sohn musste anfangen, bei einem Schweinebauern zu arbeiten. Den ganzen Tag lang musste er die … *grunz-grunz* … Schweine … *grunz-grunz* … füttern. *Grunz!*

Der Junge war müde und traurig und stank ganz fürchterlich. Er hatte solch einen Hunger, dass sogar das ekelhafte Schweinefutter für ihn ziemlich lecker aussah.

Was mache ich nur?, dachte der Junge. *Ich sollte nach Hause gehen. Mein Papa hat mich wahrscheinlich nicht mehr lieb, weil ich ein schlechter Sohn gewesen bin. Ich erwarte gar nicht, dass er mich wie seinen Sohn behandelt, aber vielleicht lässt er mich ja für sich arbeiten.*

Als der Junge in die Nähe von seinem Zuhause kam, sah sein Vater ihn sofort. Er vermisste seinen Sohn und hatte jeden Tag auf ihn gewartet. Er rannte ihm entgegen. Er war so froh, ihn zu sehen! Sie umarmten einander sehr lange.

„Papa, es tut mir leid."

„Du bist immer mein Sohn, egal was passiert, und ich werde dich immer lieb haben", sagte sein Vater. „Willkommen zu Hause!"

ICH WILL MIT JESUS LEBEN

Hast du schon einmal nicht auf deine Mama oder deinen Papa gehört? Ich weiß, dass ich als Kind nicht immer auf meine Mama und meinen Papa gehört habe. Ich erinnere mich, dass ich manchmal Dinge tat, die ich nicht hätte tun sollen. Das machte meine Eltern jedes Mal traurig, weil sie wussten, dass es nicht gut für mich ist, diese Dinge zu tun.

Und dass sie traurig waren, hat dann auch mich traurig gemacht. Aber sie hatten mich lieb und sie haben mir immer vergeben.

Bei Gott ist es genau dasselbe. Wir sollten auf ihn hören. Denn auch Gott weiß, was gut für uns ist und was nicht. Und es macht ihn traurig, wenn er sieht, wie wir etwas tun, das uns selbst oder anderen schadet. Aber wir müssen etwas Wichtiges wissen: Selbst wenn wir Fehler machen, sind wir immer noch Gottes Kinder und er hat uns immer noch lieb. Ganz egal was du tust, Gott hat dich lieb. Er ist bei dir, er kümmert sich um dich und er vergibt dir.

*Danke, Herr Jesus,
dass du mir immer vergibst.
Es tut mir leid, dass ich
manchmal Fehler mache.
Es ist gut zu wissen,
dass ich immer dein Kind
sein werde und dass du
mich lieb hast, egal
was passiert. Amen.*

Die Jünger sahen, wie Jesus noch viele andere Wunder tat. Johannes 20,30 NLB

EIN MANN DER WUNDER

Ich habe eine ältere Schwester, die Wendy heißt. Als wir Kinder waren, durfte sie immer alles zuerst. Das ist auch logisch, aber manchmal habe ich mich dadurch klein und unwichtig gefühlt. Ich fragte mich, ob ich auch irgendwann einmal etwas Großes tun dürfte.

Hast du dich schon einmal so gefühlt? Du wirst es nicht glauben, aber Gott findet dich wichtig, ganz egal, wie klein oder groß, wie jung oder alt du bist! Gott kann tolle Wunder für dich tun, und er will andere Menschen durch dich segnen. Die nächsten Geschichten zeigen uns, dass Jesus für Jeden Wunder getan hat, auch für kleine Jungs und ängstliche Jünger.

EIN JUNGE TEILT SEIN MITTAGESSEN

AUS MATTHÄUS 14

Jeder wollte Jesus zuhören. Er erzählte tolle Geschichten über Gottes erstaunliche Liebe und darüber, wie wir leben sollen. Eines Tages kamen Tausende von Menschen, um Jesus zuzuhören. Nachdem sie alle lange Zeit zugehört hatten, hatten sie Hunger. Aber es gab dort nirgendwo etwas zu essen. Die Jünger von Jesus wussten nicht, was sie machen sollten. „Wie können wir all diesen Menschen etwas zu essen geben? Hat irgendjemand so viel zu essen dabei, dass wir teilen könnten?"

Einer der Jünger fand einen Jungen, der etwas zu essen mitgebracht hatte. Er hatte ein paar Stücke Brot und zwei Fische. Es war das perfekte Mittagessen … für *einen* Jungen. Aber für die ganze Menschenmenge reichte es nicht! Trotzdem war der Junge bereit, sein Essen zu teilen, also brachten die Jünger ihn zu Jesus.

Der Junge freute sich bestimmt sehr, dass er Jesus treffen durfte. Aber wie sollte sein kleines Mittagessen diese riesige Menschenmenge satt machen?

Jesus hatte einen Plan. Er war kein bisschen gestresst. Er sagte allen, dass sie sich hinsetzen sollten. Danach nahm Jesus das Brot. Er dankte Gott dafür und brach es in Stücke. Dasselbe machte er mit den Fischen. Dann gab er die Brotstücke und die zerteilten Fische an die Jünger weiter, damit sie beides an die hungrigen Menschen verteilen konnten.

Dabei passierte etwas Seltsames. Das Brot und die Fische gingen nicht zu Ende! Jeder bekam etwas ab. Jeder aß sogar so viel, bis er richtig satt war. Und als alle fertig waren, füllten die Jünger noch zwölf Körbe mit dem, was übriggeblieben war! Das war ein Wunder! Mit dem Mittagessen von dem kleinen Jungen machte Jesus die ganze Menschenmenge satt.

DIE WELLEN HÖREN AUF JESUS

AUS MARKUS 4

Eines Abends stiegen Jesus und seine Jünger in ein Boot, um über den See Genezareth zu fahren. Jesus hatte den Menschen den ganzen Tag über Dinge beigebracht und war jetzt müde. Als sie also ins Boot stiegen, legte Jesus sich hin. Weil das Boot sanft schaukelte und das Geräusch des Wassers so beruhigend war, schlief Jesus ein …

Kurz darauf schaukelte das Boot nicht mehr so sanft und das Wasser begann, gegen das Boot zu schlagen! Der Himmel war schwarz geworden, es blies ein starker Wind und aus unheimlichen, dicken Wolken regnete es in Strömen. Sie waren mitten auf dem See … in einem kleinen Boot … in einem schweren Sturm! Die Wellen wurden so hoch, dass Wasser ins Boot lief. Die Jünger hatten Angst. „Das Boot wird untergehen! Wir werden sterben!", schrien sie Jesus an. „Ist dir das egal?"

Jesus wachte auf und sah sich um. Er hatte überhaupt keine Angst. Dann sagte er mit ruhiger, aber kraftvoller Stimme: „Sei still!" Sofort hörte der Wind auf, die Wellen gingen zurück und der See war wieder friedlich.

Was um alles in der Welt war das?, dachten die Jünger. *Wie hat er das gemacht?* Jesus sah seine Jünger an: „Warum hattet ihr so viel Angst? Glaubt ihr denn nicht, dass ich mich um euch kümmere?" Die Jünger staunten darüber, dass sogar der Wind und die Wellen auf Jesus hörten. Und ihnen wurde klar, dass Jesus sich immer um sie kümmern würde.

ICH WILL MIT JESUS LEBEN

Manchmal fühlst du dich vielleicht wie der kleine Junge mit seinem Mittagessen: nicht sehr groß und so, als könntest du nicht viel für Jesus tun. Oder wie die Jünger in ihrem Boot denkst du vielleicht, dass deine Probleme zu groß sind.

Aber in diesen beiden Wundern (und in vielen, vielen anderen Wundern in der Bibel) zeigte Jesus seine Liebe und seine Macht. Jesus wollte, dass die Menschen, die mit ihm leben, sehen, dass Gott sich immer um sie kümmern wird, egal was passiert. Er liebt uns und er ist groß und stark genug, um uns zu helfen.

Brauchst du Gottes Hilfe? Brauchst du ein Wunder? Du kannst immer beten und Gott um das bitten, was du brauchst. Er hilft dir gerne!

Jesus, ich weiß, dass du alles tun kannst. Bitte hilf mir, dir zu vertrauen, auch dann, wenn ich Angst habe. Danke, dass du dich immer um mich kümmerst. Amen.

DIE FRAU AM BRUNNEN

Wenn du ganz großen Durst hast, was willst du dann? Eine Tüte Chips? Eine Schüssel Popcorn? Einen Schokoriegel? Nein! Du willst etwas zu trinken – zum Beispiel ein großes Glas mit kaltem Wasser. Dein Körper braucht Wasser zum Leben, und durch deinen Durst sagt dein Körper dir: „Gib mir Wasser!"

Dein Körper braucht also Wasser zum Leben – und dein Geist braucht Jesus. Weißt du, was dein Geist ist? Er ist ein unsichtbarer Teil von dir. Wenn Menschen über deinen Geist sprechen, dann meinen sie gleichzeitig dein Herz.

Du und ich – dein und mein Geist – brauchen Jesus sogar noch dringender als unsere Körper Wasser brauchen. Genau das hat die Frau in der nächsten Geschichte gelernt.

Gott ist Geist; deshalb müssen die, die ihn anbeten wollen, ihn im Geist und in der Wahrheit anbeten.
Johannes 4,24 NLB

SUPERWASSER

AUS JOHANNES 4

Jesus und seine Jünger waren unterwegs. Draußen war es sehr heiß und Jesus war müde. Sie kamen in eine kleine Stadt und Jesus setzte sich zum Ausruhen neben einen Brunnen, während seine Jünger Essen besorgten.

Eine Frau kam zum Brunnen, um Wasser zu holen. Jesus fragte sie: „Kann ich etwas zu trinken haben?"

Die Frau war überrascht. Sie kannte diesen Mann nicht. „Warum bittest *du mich* um etwas zu trinken?"

Jesus bat die Frau um Wasser, weil er wusste, dass sie traurig war und etwas über Gottes Liebe hören musste. „Eigentlich habe ich etwas *für dich.* Es ist besser als dieses Wasser", sagte er zu ihr. „Ich kann dir lebendiges Wasser geben, sodass du nie wieder Durst haben wirst!" Für die Frau klang das wunderbar! Jeden Tag Wasser aus einem Brunnen zu schöpfen war richtig schwere Arbeit.

Doch Jesus sprach nicht von dem nassen Zeug, das wir trinken. Er sprach von sich selbst. Er ist wie Wasser, das immer reichlich da ist und uns erfrischt. Jesus will unser Freund sein. Er will uns bei allem helfen und immer bei uns sein. Und wir können ihm alles sagen und ihn alles fragen! Gott so zu kennen ist wie Wasser für deinen Geist – für dein Herz –, weil du dann sicher weißt, wie lieb Gott dich hat, und dass er dich beschützt und immer für dich da ist. Gott zu kennen bedeutet auch, dass wir später einmal für immer zusammen mit ihm im Himmel leben können. Die Frau war so aufgeregt, dass sie in die Stadt zurücklief und jedem von Jesus erzählte, und die gesamte Stadt kam, um von Jesus die Botschaft über Gottes Liebe zu hören.

ICH WILL MIT JESUS LEBEN

Die Frau am Brunnen brauchte etwas noch viel Wichtigeres als Wasser an einem heißen Tag. Sie brauchte Gottes Liebe und Frieden für ihren Geist. Sie brauchte das Wissen, dass er ihre Sünden vergeben und sie für immer in seiner Familie willkommen heißen will.

Und genau das passierte, als sie Jesus begegnete. Er sagte ihr, wie sie Gottes Liebe kennenlernen und Frieden für ihren Geist haben konnte. Das machte sie sehr froh.

Wenn du Gott kennst, macht er dein Herz gesund und froh.

Danke, Jesus, dass du mein Herz gesund und froh machst. Danke, dass du mir deine Liebe und deinen Frieden gibst. Danke, dass du mich so froh machen willst, dass ich anderen Menschen davon erzählen möchte, und sie dann auch froh werden können. Amen.

ZACHÄUS

Ist dir schon einmal aufgefallen, dass es leichter ist, einen Baum hinaufzuklettern als wieder herunterzukommen? Ich denke, es liegt daran, dass du dich beim Klettern erst an einem Ast hochziehst, dann am nächsten, und dann an noch einem und wieder einem – und plötzlich schaust du nach unten und kannst kaum glauben, wie weit oben du bist! Dann kletterst du ganz, ganz vorsichtig herunter – oder rufst jemanden um Hilfe!

Die folgende Geschichte handelt von einem Mann, der auf einen Baum kletterte. Das ist irgendwie merkwürdig, oder nicht? Normalerweise klettern Kinder auf Bäume, nicht Erwachsene. Aber dieser Erwachsene hatte einen wirklich guten Grund, um auf einen Baum zu klettern … und einen noch besseren Grund, um wieder herunterzukommen.

Da sagte Jesus zu ihm: „Heute wurden alle, die zu diesem Haus gehören, gerettet … Dazu ist der Menschensohn gekommen: Er sucht und rettet die Menschen, die verloren sind."
Lukas 19,9–10 ÜFK

„KOMM HERUNTER VON DIESEM BAUM!“

AUS LUKAS 19

Jesus kommt in die Stadt“, rief jemand. „Kommt und hört ihm zu!“ Alle waren aufgeregt. Sie hörten gerne zu, wenn Jesus über Gott sprach. Sie liefen zu der Straße, auf der Jesus daherkam.

Ein Mann mit dem Namen Zachäus wollte Jesus unbedingt sehen. Zachäus war allerdings kein sehr netter Mensch. Er betrog andere um ihr Geld. Keiner mochte ihn. Aber er wollte etwas über Jesus erfahren.

Zachäus hatte ein Problem. Er war nicht sehr groß. Er wusste, dass er nichts sehen würde, wenn er hinter den anderen Menschen stehen bliebe.

Was kann ich tun?, fragte er sich. *Ganz egal was, ich muss es schnell tun! Da kommt Jesus schon!*

Plötzlich hatte er eine großartige Idee. Er rannte die Straße entlang zu einem Baum und kletterte in die Äste hinauf. Jetzt konnte er alles sehen!

Als Jesus am Baum vorbeikam, blieb er plötzlich stehen und schaute nach oben. Dann sagte Jesus ganz freundlich und liebevoll: „Zachäus! Komm herunter von diesem Baum! Ich werde heute bei dir zu Mittag essen!“

Was?, dachte Zachäus. *Warum will Jesus mit mir essen? Ich bin kein guter Mensch!*

Doch Jesus und Zachäus aßen tatsächlich zusammen zu Mittag und redeten über Gott. Als Zachäus klar wurde, dass Jesus ihn lieb hatte, taten ihm die schlimmen Dinge, die er getan hatte, leid. „Ich werde aufhören, Menschen zu betrügen", sagte er zu Jesus. „Ich werde den Menschen das Geld zurückgeben, das ich ihnen gestohlen habe. Ich möchte jetzt richtig leben! Ich möchte so leben wie *du*!" Zachäus erlebte Gottes Liebe und das machte aus ihm einen Menschen, der mit Gott leben und das Richtige tun wollte. Zachäus war so froh, dass er Jesus kennengelernt hatte.

ICH WILL MIT JESUS LEBEN

An der Geschichte von Zachäus mag ich am meisten, dass Jesus für alle ein Freund ist – für Menschen, die gute Dinge tun *und* für Menschen, die schlechte Dinge tun. Zachäus hatte viele Fehler gemacht. Er hatte Menschen betrogen und war unfreundlich gewesen. Wahrscheinlich dachte er, dass Jesus gar nicht mit ihm sprechen wollte. Aber als Jesus sah, wie Zachäus dort oben im Baum saß, wurde Jesus nicht böse und lachte ihn auch nicht aus. Stattdessen sagte Jesus zu Zachäus: „Ich will dein Freund sein." Jesus wollte bei Zachäus essen und mit ihm über Gott sprechen. Ganz egal, was wir tun, Jesus ist immer unser Freund!

Danke, Jesus, dass du immer mein Freund bist.
Danke, dass du mich lieb hast und mir hilfst,
auch wenn ich Fehler mache. Hilf mir, so zu leben
wie du es gut findest. Amen.

JESUS MACHT UNS GESUND

Musstest du schon einmal von der Schule zu Hause bleiben, weil du krank warst? Kranksein macht überhaupt keinen Spaß – aber wenn man den ganzen Tag fernsehen oder Bücher lesen oder Spiele spielen darf, ist das schon irgendwie schön. Und wahrscheinlich kümmert sich deine Mama oder dein Papa oder sonst jemand, der dich lieb hat, um dich, bis es dir wieder bessergeht. Das ist auch irgendwie schön. Wenn du krank oder verletzt bist, gibt es noch eine andere Person, die sich um dich kümmert. Diese Person ist Jesus! In der Bibel steht, dass Jesus unser Arzt ist. Dort stehen auch viele Geschichten, in denen Jesus Kranke wieder gesund macht. Jesus betete sogar für tote Menschen und sie wurden wieder lebendig!

Jesus … heilte alle Kranken und Leidenden.
Matthäus 9,35 NGÜ

EIN SOLDAT GLAUBT AN JESUS

AUS LUKAS 7

Ein römischer Soldat hatte einen Diener, der sehr schlimm krank war, und der Soldat wollte seinem Diener helfen. Der Soldat hatte von Jesus gehört, darum schickte er ein paar von seinen Helfern zu Jesus, um mit ihm zu sprechen. „Bitte", sagten sie zu Jesus. „Dieser Soldat hat Gott lieb und braucht deine Hilfe. Bitte komm und mach seinen Diener gesund."

Jesus machte sich auf den Weg zum Haus des Soldaten. Doch bevor Jesus dort ankam, schickte der Soldat Jesus eine Nachricht: „Jesus, ich weiß, du bist sehr beschäftigt, und ich weiß, dass du meinen Diener heilen kannst. Du musst dir nicht die Mühe machen, zu mir nach Hause zu kommen. Sag einfach nur ein Wort, dann wird mein Diener wieder gesund."

Jesus war überrascht. Viele Menschen glaubten nicht, dass Jesus Gottes Sohn war oder dass er so viel Macht hatte. Aber dieser römische Soldat glaubte es. Er wusste, dass Jesus helfen konnte und Wunder tun wollte. Der Soldat wusste auch, dass die Worte von Jesus sogar von weit her heilen konnten.

Als die Botschafter zum Haus des Soldaten zurückkamen, war der Diener nicht mehr krank. Der Soldat hatte recht gehabt – Jesus konnte von überall aus Wunder tun.

Jesus gefällt es, wenn wir daran glauben, dass er uns helfen kann und will.

EIN MÄDCHEN WIRD WIEDER LEBENDIG

AUS LUKAS 8

Jairus war ein jüdischer Lehrer und hatte Gott lieb. Aber Jairus war traurig, weil seine Tochter sehr krank war. Er hatte Angst, dass sie sterben könnte. Als Jairus hörte, dass Jesus in der Nähe war, machte er sich auf die Suche nach dem Heiler. „Jesus", sagte er, „bitte komm und heile meine Tochter."

Jesus ging mit Jairus nach Hause. Aber bevor sie dort ankamen, lief ihnen jemand aus Jairus' Haus entgegen. „Jairus, es tut uns so leid … deine liebe Tochter ist gestorben. Jede Hilfe kommt zu spät. Es hat keinen Zweck, Jesus weiter Mühe zu machen."

Jesus schaute Jairus an. „Hab keine Angst. Vertraue weiter auf mich. Deiner Tochter wird es wieder gut gehen."

Als sie zu Jairus nach Hause kamen, weinten alle. „Warum weint ihr denn so laut?" sagte Jesus. „Seid nicht traurig. Dieses kleine Mädchen wird leben." Alle waren durcheinander. Sie war tot. Wie konnte sie wieder lebendig werden?

Jesus ging in das Zimmer des Mädchens und nahm es bei der Hand. „Kleines Mädchen," befahl er sanft, „steh auf!". Dann geschah etwas Erstaunliches. Das Mädchen öffnete seine Augen! Es lebte!

Es stand auf, begann herumzulaufen und wollte etwas zu essen haben. Jairus war so froh, dass seine Tochter am Leben war. Jesus hatte ein weiteres erstaunliches Wunder getan.

ICH WILL MIT JESUS LEBEN

Ist es nicht toll, dass Jesus Kranke geheilt und Tote wieder lebendig gemacht hat? Diese Geschichten zeigen uns, dass für Jesus nichts zu schwer ist.

Wenn du dich krank fühlst, musst du vielleicht zum Arzt gehen oder Medizin nehmen. Aber es gibt auch noch etwas Anderes, was du tun kannst: Du kannst beten und Jesus bitten, dich wieder gesund zu machen! Er hat dich lieb und er will, dass du gesund bist – und er kann es auch tun!

Danke, Jesus, dass du dich um mich kümmerst, wenn ich verletzt oder krank bin. Hilf mir, immer daran zu denken, wie lieb du mich hast und wie groß und stark du bist. Amen.

PALMSONNTAG

Meine Tochter ist sechs Jahre alt. Eines der Dinge, die ich in meinem Leben am tollsten finde, ist, wenn sie mich ganz fest drückt und sagt: „Papa, ich hab dich lieb!" Das macht mein Herz sehr, sehr froh.

Wusstest du, dass es Gott gefällt, wenn wir ihm sagen, dass wir ihn lieb haben? Wir können das zum Beispiel tun, wenn wir ihm Lieder singen. Oder wir können beten und Gott dabei sagen, dass wir ihn lieb haben.

Diese Lieder und Gebete heißen auch „Anbetung". Wenn wir Gott anbeten, dann ist das so, als würden wir ihn ganz fest drücken! Es gefällt Gott, wenn wir uns über seine Liebe freuen und wenn wir ihn auch lieb haben.

Da begannen alle Jünger, sich zu freuen. Sie lobten Gott laut für all die großen Wunder, die sie erlebt hatten. Sie riefen: „Lobt den König, der im Namen des Herrn kommt! Frieden ist im Himmel und Herrlichkeit ist in der Höhe."
Lukas 19,37–38 ÜFK

SOGAR STEINE KÖNNEN GOTT LOBEN

AUS LUKAS 19
UND MARKUS 11

Jesus und seine Jünger waren auf dem Weg nach Jerusalem. Jesus ritt auf einem Esel und seine Jünger gingen neben ihm her.

Die Menschen in der Stadt waren aufgeregt, als sie hörten, dass Jesus unterwegs zu ihnen war. Als Jesus näherkam, legten die Menschen große Blätter von Palmen auf die Straße. Andere zogen ihre Mäntel aus und breiteten sie auf dem Boden aus, um einen besonderen Weg für Jesus zu machen.

Als Jesus vorbeikam, jubelten die Menschen, weil sie so froh waren über alles, was Jesus für sie tat und was er ihnen von Gott erzählte. „Gott ist so gut zu uns! Gelobt sei Jesus, der König!" Sie lobten Gott, was bedeutet, dass sie sich darüber freuten, wie wunderbar Gott ist.

Die Menschen machten so viel Krach, dass die ganze Stadt in Aufregung geriet. Alle wollten wissen, wer Jesus war, woher er kam und was er zu sagen hatte.

Einige jüdische Anführer waren wütend, weil die Menschen Gott lobten. Sie sagten zu Jesus: „Sag den Leuten, die dir hinterherlaufen, dass sie ruhig sein sollen!"

Aber Jesus wusste: Gott will, dass wir ihn loben. „Wenn diese Menschen ruhig wären, würden sogar die Steine anfangen davon zu singen, wie gut Gott ist!"

ICH WILL MIT JESUS LEBEN

Was alles an Gutem hat Gott für dich getan? So wie du deinen Eltern oder Lehrern Danke sagst, ist es auch gut, Gott Danke zu sagen.

Gott findet es toll, wenn wir ihm Danke sagen. Er will, dass wir wissen, dass er uns sehr lieb hat – und es gefällt ihm, von uns zu hören, dass wir ihn auch lieb haben.

Wenn du betest und Gott Lieder singst, dann denk daran, wie lieb er dich hat und was er alles für dich getan hat. Bete ihn an, weil er so gut und mächtig, so weise und freundlich ist. Und vergiss nicht, ihm zu sagen, dass du ihn lieb hast!

Danke, Herr Jesus, für meine Freunde, meine Familie, meine Gemeinde, mein Zuhause und dass du mir so oft zeigst, dass du mich lieb hast. Ich bete dich an und sage dir: Ich hab dich lieb! Amen.

DAS LETZTE ABENDMAHL

Was machst du mit deinen Freunden am liebsten? Ich verbringe gerne Zeit mit ihnen. Wir lachen zusammen, unterhalten uns über alles Mögliche und machen gemeinsam Sport.

Ich bin so froh, dass Gott uns Freunde gegeben hat. Du bestimmt auch, oder? Wir haben viel Spaß mit ihnen und sie können uns helfen, wieder fröhlich zu werden, wenn wir traurig sind. Sie teilen Dinge mit uns, kümmern sich um uns und helfen uns, so zu leben, wie Gott uns gemacht hat.

Wusstest du, dass Jesus unser Freund ist? Er ist der beste Freund, den du haben kannst. Ein Grund ist, dass er immer bei dir ist. Er hat dich so sehr lieb.

Da nahm Jesus das Brot. Er sprach das Dankgebet und brach das Brot in Stücke. Dann gab er es den Aposteln. Er sagte: „Das ist mein Leib. Er wird für euch gegeben. Tut das immer wieder, um euch an mich zu erinnern."
Lukas 22,19 ÜFK

„IHR SEID MEINE BESTEN FREUNDE“

AUS LUKAS 22 UND JOHANNES 13

Jesus und seine Jünger feierten ein ganz besonderes Fest, das Passahmahl. Jüdische Familien aßen dieses Mahl jedes Jahr und erinnerten sich gemeinsam daran, wie Gott ihnen vor sehr langer Zeit geholfen hatte, Ägypten zu verlassen und keine Sklaven mehr zu sein.

Während des Essens schaute Jesus seine Jünger an: „Ihr seid meine besten Freunde und ich habe euch sehr lieb. Aber ich feiere das Passahfest jetzt zum letzten Mal, und dann erst wieder, wenn wir zusammen im Himmel sein werden."

Jesus wusste, dass es für ihn bald an der Zeit war, zu sterben und sein Leben zu geben, um alle zu retten, die ihn lieb hatten und ihm vertrauten. Jesus sollte für unsere Sünden bestraft werden, damit Gott nicht uns bestrafen musste.

„Denkt immer daran, wie lieb ich euch habe", sagte Jesus. „Denkt daran, dass ich bei euch bin und dass ich mich immer um euch kümmern werde."

Dann erklärte Jesus, dass einer seiner Freunde – einer, der mit ihnen zusammen am Tisch saß – etwas Böses tun würde. Dieser Freund würde den Feinden von Jesus verraten, wo Jesus war, damit sie ihn ins Gefängnis werfen und dann töten könnten. Jesus sagte auch, dass die anderen Jünger weglaufen und Jesus allein lassen würden. Petrus, der einer von diesen Jüngern war, sagte: „Das würde ich nie tun! Ich bleibe auf jeden Fall bei dir! Und ich werde dich beschützen!" Die anderen Jünger sagten das Gleiche. Sie verstanden nicht, wovon Jesus sprach, aber sie wussten, dass sie ihrem geliebten Freund helfen wollten. Danach verließen Jesus und seine Jünger das Haus – bis auf den einen, der bereits gegangen war, um mit den Feinden von Jesus zu sprechen. Jesus und die restlichen Jünger gingen in einen Garten, um dort zu beten.

ICH WILL MIT JESUS LEBEN

Die Jünger von Jesus waren traurig, weil er gesagt hatte, dass er sie verlassen müsse. Sie wussten, dass sie ihn sehr vermissen würden. Aber Jesus sagte ihnen: „Ich werde euch nicht für immer verlassen. Ich werde für eine Weile in den Himmel gehen, aber weil ihr meine Freunde seid, werdet ihr mich dort bald wieder sehen."

Jesus sagte seinen Freunden auch noch dies: „Ich lasse euch nicht allein. Ich schicke euch meinen Heiligen Geist. Mit seiner Hilfe könnt ihr mit Gott leben und zwar so, dass es ihm gefällt." Weil der Heilige Geist bei uns ist, ist es, als würde unser bester Freund Jesus direkt mit uns sprechen und uns kluge Gedanken geben und uns in unseren Herzen wissen lassen, was richtig und wahr ist.

Danke, lieber Jesus,
dass du mein bester Freund bist.
Ich weiß, dass du immer
bei mir bist. Ich habe dich lieb –
und ich bin so froh, dass wir
Freunde sind. Amen.

JESUS WIRD VERHAFTET

Manchmal müssen wir etwas tun, was wir nicht möchten. Es sind vielleicht kleine Dinge, wie ins Bett zu gehen, obwohl wir lieber einen Film sehen würden. Oder vielleicht sind es auch so große Dinge wie der Umzug in eine andere Stadt und der Abschied von unseren Freunden.

Jesus musste etwas richtig Schweres tun. Er musste sterben. Warum? Weil das die Strafe für Sünde war. Jesus selbst hat nie gesündigt, aber wir alle anderen schon. Jesus wurde an unserer Stelle bestraft. Er wollte das so – auch wenn es sehr schwer war. Darum ist Jesus geboren worden. Er wusste, dass lehren, heilen oder Wunder tun nicht seine wichtigsten Aufgaben auf der Erde waren. Für unsere Sünden zu sterben, damit wir ohne Angst vor Strafe mit Gott leben dürfen – das war seine wichtigste Aufgabe.

Nachdem Jesus all das gesagt hatte, blickte er zum Himmel auf und sagte: „Vater, die Zeit ist gekommen. Verherrliche deinen Sohn, damit er dich verherrlichen kann. Denn du hast ihm Macht über alle Menschen auf der ganzen Welt gegeben. Er schenkt allen, die du ihm gegeben hast, das ewige Leben."

Johannes 17,1–2 NLB

JESUS KOMMT INS GEFÄNGNIS

AUS LUKAS 22 UND JOHANNES 18

Jesus und seine Jünger hatten das besondere Passahmahl zusammen gegessen. Sie hatten Gott Loblieder gesungen. Und jetzt – sehr spät in der Nacht – beteten sie in dem Garten, der Gethsemane heißt.

Jesus betete traurige Gebete. Er war sehr traurig, weil er wusste, dass er sterben musste. Das war die einzige Möglichkeit, alle Menschen auf der Welt von der Strafe für ihre Sünden zu verschonen.

Wumm, wumm, wumm. Die Jünger hörten schwere Schritte, den Geruch von brennenden Fackeln, das Rasseln und Klirren von Metall und das Murmeln tiefer Stimmen. Diese Stimmen klangen alles andere als freundlich! Plötzlich tauchten Menschen mit Fackeln und Schwertern auf. Sie waren auf der Suche nach Jesus.

Warum waren diese Soldaten dort? Weil die jüdischen Anführer eifersüchtig waren auf Jesus. Sie wollten von den anderen jüdischen Menschen genauso sehr gemocht werden wie Jesus.

Darum schickten die jüdischen Leiter Soldaten, um Jesus zu verhaften. Die Leiter wollten ihn töten. Die Jünger sahen plötzlich, dass Judas die Soldaten anführte! Er war doch einer von ihnen! Judas hatte gehört, wie Jesus lehrte, und gesehen, wie er Menschen heilte, aber jetzt verriet er Jesus.

Die Jünger wollten gegen die Soldaten kämpfen und ihren Freund beschützen. Petrus zog sogar sein Schwert und schlug einem Mann das rechte Ohr ab!

„Stopp! Weg mit den Schwertern! Wir werden *nicht* kämpfen." Nachdem Jesus das gesagt hatte, heilte er das Ohr des Mannes.

Jesus sagte zu seinen Jüngern: „Wenn ich Hilfe haben wollte, könnte ich Gott bitten, mir ganze Armeen von Engeln zu schicken, um mich zu retten. Aber das werde ich nicht tun. Was jetzt passieren wird, ist Teil von Gottes Plan. Vor langer Zeit habe ich mich mit diesem Plan einverstanden erklärt."

Die Soldaten verhafteten Jesus und brachten ihn ins Gefängnis. Seine Jünger rannten vor Schreck weg und versteckten sich, so wie Jesus es gesagt hatte. Sogar Petrus lief weg – aber nicht sehr weit. Er war noch nah genug, um zu sehen, wo die jüdischen Anführer Jesus hinbrachten.

ICH WILL MIT JESUS LEBEN

Jesus hatte uns so lieb und vertraute Gott so sehr, dass er in der Lage war, etwas sehr Schweres zu tun: Jesus starb für unsere Sünden. Ich bin so froh, dass Jesus auf Gott hörte, obwohl es so schwer für ihn war! Weil Jesus so etwas Schweres getan hat, vergibt Gott uns unsere Sünden und lädt uns ein, zu seiner Familie zu gehören – und zwar für immer!

Manchmal wirst auch du Dinge tun müssen, die schwer sind – wenn auch nicht so schwer wie das, was Jesus tun musste. Jesus versteht dich. Er weiß, wie es ist, etwas zu tun, was man nicht will. Aber er wird dir helfen.

Wenn du mit Jesus lebst, hilft er dir, das Richtige zu tun. Jesus hilft dir, stark und mutig zu sein, damit du tun kannst, was du tun musst.

Lieber Jesus, du hilfst mir, stark und mutig zu sein. Ich will tun, was gut und richtig ist, und ich weiß, dass du mir dabei helfen wirst. Amen.

PETRUS VERLEUGNET JESUS

Ich habe Freunde, die gerne auf Berge klettern und aus Flugzeugen springen – mit einem Fallschirm natürlich. Das klingt alles ziemlich unheimlich für mich! Ich glaube nicht, dass ich so etwas je tun könnte.

Und weißt du was? Das muss ich auch nicht. Wir können alle auf unsere eigene Weise mutig sein, denn mutig sein heißt nicht, dass wir etwas Verrücktes tun müssen. Mutig sein heißt, auch dann das Richtige zu tun, wenn du Angst hast. In dieser Geschichte lernte einer der Freunde von Jesus, dass Gott uns dabei helfen will, mutig zu sein.

Da drehte sich Jesus, der Herr, um und sah Petrus an. Petrus erinnerte sich an die Worte, die er zu ihm gesagt hatte: „Bevor der Hahn heute kräht, wirst du dreimal behaupten: ‚Ich kenne Jesus nicht.'"
Lukas 22,61 ÜFK

PETRUS LERNT, MUTIG ZU SEIN

AUS LUKAS 22 UND JOHANNES 18

Jesus war verhaftet worden und Petrus hatte Angst, dass man ihn vielleicht auch verhaften würde. Aber Petrus machte sich auch Sorgen um Jesus, darum setzte er sich vor das Gebäude, in dem Jesus nun war. *Was wird mit Jesus passieren?*, fragte sich Petrus und sein Herz pochte laut und schnell in seiner Brust. Ein Mädchen kam auf Petrus zu: „Du bist doch ein Freund von Jesus!"

„Nein, bin ich nicht!", log Petrus. „Ich weiß noch nicht einmal, von wem du da sprichst!"

Petrus hatte Angst. Er wollte den Menschen nicht sagen, dass er ein Freund von Jesus war. Denn dann würde er bestimmt auch ins Gefängnis geworfen werden – und das wollte er auf keinen Fall!

Noch zwei andere Leute fragten Petrus, ob er ein Freund von Jesus sei. Beide Male sagte Petrus: „Nein! Ich kenne ihn überhaupt nicht!" Plötzlich hörte Petrus etwas. *Kikerikiiii!* Ein Hahn krähte! *Oh nein …* Petrus begann tief zu schluchzen. Er erinnerte sich an das, was Jesus gesagt hatte: „Petrus, bevor der Hahn bei

Sonnenaufgang kräht, wirst du dreimal behaupten, dass du mich nicht kennst."

Petrus war sehr, sehr traurig. Er wusste, dass er kein guter Freund für Jesus gewesen war. Er war weggelaufen, hatte gelogen und so getan, als würde er Jesus nicht kennen. Petrus ging weg und weinte.

Aber das war noch nicht das Ende der Geschichte. Jesus hatte auch zu Petrus gesagt: „Nachdem du behauptet hast, dass du mich nicht kennst, wird es dir leidtun. Du wirst mich noch viel lieber haben und mit mir leben. Und du wirst anderen Menschen dabei helfen, dass auch sie mich kennenlernen."

Jesus war nicht böse auf Petrus, weil er diese Fehler gemacht hatte. Aber Jesus wollte Petrus dabei helfen, ein besserer Freund zu werden.

Petrus wusste es noch nicht, aber er würde schon sehr bald ein besserer Freund für Jesus sein! Petrus wurde ein sehr mutiger Mann, der allen von Jesus erzählte.

ICH WILL MIT JESUS LEBEN

Jesus wusste, dass Petrus Angst hatte, aber Jesus war deswegen nicht böse auf Petrus. Stattdessen brachte Jesus Petrus bei, auch dann mutig zu sein, wenn er Angst hatte. Zuerst hatte Petrus sogar viel Angst davor, mit anderen Menschen über Jesus zu sprechen, aber das blieb nicht so. Nur wenige Tage später schien Petrus der allermutigste Mensch zu sein, denn er erzählte jedem von Jesus.

Weißt du, warum Petrus so mutig wurde? Weil er mit Jesus zusammen war und auf ihn hörte. Petrus entschied sich, so zu leben, wie Jesus das für ihn wollte.

Wir können auf dieselbe Weise mutig werden. Wenn du Zeit mit Jesus verbringst, hilft er dir dabei, mutig zu sein und große Dinge zu tun!

Danke, Jesus, dass du mich mutig machst, wenn ich mutig sein muss. Danke, dass du mir zeigst, was richtig und gut ist, und dass du mir dabei hilfst, es auch dann zu tun, wenn ich Angst habe. Amen.

KARFREITAG

Wenn jemand eine Bank ausraubt und die Polizei ihn schnappt, landet er im Gefängnis. Das passiert, weil derjenige nicht auf das Gesetz gehört hat und deshalb bestraft werden muss.

Aber nicht nur dieser Bankräuber hat etwas Böses getan, sondern alle Menschen. Die Bibel nennt das Sünde. Wenn die Menschen nicht auf Gott hören, müssen sie – genauso wie der Bankräuber – bestraft werden, so hat es Gott bestimmt. Die Strafe besteht darin, dass die Menschen nicht mit Gott zusammenleben dürfen, nicht hier und jetzt, und auch nicht später im Himmel.

Jetzt stell dir vor, eine Person, die nichts Böses getan hat, geht freiwillig für den Bankräuber ins Gefängnis, damit der nicht bestraft wird, sondern in Freiheit leben darf. Das und noch viel mehr hat Gott für uns getan, weil er uns Menschen sehr lieb hat und nicht möchte, dass wir ohne ihn leben müssen, nicht jetzt und auch nicht später. Und deshalb hat er seinen Sohn Jesus geschickt, damit der die Strafe für unsere Sünde auf sich nimmt. Statt uns wurde Jesus bestraft. Das passierte, als er am Kreuz für uns starb, damit wir frei sein und mit Gott leben dürfen, jetzt und für immer.

Und Jesus schrie laut: „Vater, in deine Hände lege ich meinen Geist!"
Lukas 23,46 ÜFK

EIN SEHR TRAURIGER TAG

AUS LUKAS 23 UND JOHANNES 19

Die jüdischen Anführer wollten Jesus töten und Jesus wusste, dass er sterben musste. Das war Gottes Plan; dafür war Jesus auf die Erde gekommen. Jesus kämpfte nicht gegen die jüdischen Anführer oder die Soldaten.

Die Soldaten waren sehr gemein zu Jesus. Sie taten ihm weh und lachten ihn aus. Dann brachten sie ihn zur Stadt hinaus, an einen Ort, an dem sie Menschen töteten, die etwas Böses getan hatten.

Die Soldaten hängten Jesus an ein Kreuz zwischen zwei Verbrecher, die auch beide an Kreuzen hingen. Einer von ihnen lachte Jesus aus, aber der andere glaubte, dass Jesus Gottes Sohn ist.

„Jesus, nimm mich bitte mit dir in den Himmel", bat er Jesus.

Jesus sagte: „Ja, das mache ich! Heute wirst du mit mir zusammen im Himmel sein!"

Kurz darauf sagte Jesus: „Es ist vollbracht." Jesus wusste, dass seine Arbeit auf der Erde getan war. Er hatte auf Gott gehört und sein Leben für uns alle gegeben.

Dann starb Jesus. Plötzlich wurde der Himmel schwarz, obwohl es erst Mittag war. Mitten am Tag wurde es dunkel!

Jetzt verstanden sogar die Soldaten, dass Jesus kein Verbrecher gewesen war. Er war Gott, und sie waren sehr traurig, weil sie ihn getötet hatten.

Ein Mann, der Jesus sehr lieb hatte, nahm seinen Körper vom Kreuz ab. Er brachte Jesus in ein Grab in einer Höhle, in die tote Menschen gelegt wurden. Vor den Eingang wurde ein großer Stein gerollt, danach ging der Mann traurig nach Hause. Alle waren traurig. Aber Gott war kurz davor, das größte Wunder aller Zeiten zu tun.

ICH WILL MIT JESUS LEBEN

Jesus liebte uns so sehr, dass er für unsere Sünden starb. Eigentlich hätten wir sterben müssen. So wäre es nach dem Gesetz richtig und fair gewesen. Jesus ließ sich an unserer Stelle für unsere Fehler und Sünden bestrafen. Das ist so, als würdest du die Strafe auf dich nehmen für etwas, was dein Bruder oder deine Schwester falsch gemacht hat. Das klingt nicht richtig, oder?

Doch Jesus wollte unsere Strafe auf sich nehmen, weil er uns so sehr liebt. Er wollte, dass alle unsere Sünden vergeben und vergessen werden.

Deshalb müssen wir nicht von Gott getrennt sein oder für unsere Sünden bestraft werden.

Danke, lieber Jesus, dass du für meine Sünden gestorben bist. Danke, dass du mich so sehr liebst und mir vergeben hast. Ich weiß, dass du mich gerettet hast und dass ich später für immer mit dir im Himmel sein werde. Amen.

JESUS LEBT

Einige meiner liebsten Tage im Jahr sind die Ostertage. Zunächst einmal, weil ich gerne mit meinen Kindern zusammen Eier bemale. Und natürlich, weil ich Schokolade mag. Aber am tollsten finde ich es, mich daran zu erinnern, dass Jesus lebt!

Denn an Ostern geht es nicht um bunte Eier, Hasen oder Süßigkeiten. An Ostern geht es in Wirklichkeit darum, dass Jesus wieder lebendig wurde. Das Wort für dieses erstaunliche und wichtige Ereignis ist *Auferstehung*.

Jesus starb am Kreuz, um die Strafe für unsere Sünden wegzunehmen, aber damit war die Geschichte noch nicht zu Ende …

Jesus ist nicht hier.
Er ist auferstanden.
Lukas 24,6 ÜFK

EIN SEHR, SEHR, SEHR FRÖHLICHER TAG

AUS LUKAS 24 UND JOHANNES 20

Nachdem Jesus gestorben war, waren alle seine Freunde traurig. Sie vermissten ihn sehr und verstanden nicht, warum er sterben musste.

Am dritten Tag nach dem Tod von Jesus gingen einige Frauen zu seinem Grab in der Höhle. Sie fragten sich, wie sie in die Grabhöhle hineinkommen sollten, denn ein großer Fels versperrte den Eingang.

Aber als die Frauen beim Grab ankamen, waren sie überrascht. Der Fels war weggerollt worden und sie konnten direkt in die Höhle hineingehen. Als sie in der Grabhöhle standen, erlebten sie eine noch viel größere Überraschung. Jesus war gar nicht da! Das Grab war leer – nur zwei Engel waren da. Die Engel sagten zu den Frauen: „Geht und erzählt Jesus' Freunden, dass er lebt!

Er war tot, aber Gott hat ihn wieder lebendig gemacht. Ihr werdet ihn alle schon bald sehen."

Die Frauen waren sehr, sehr aufgeregt. Sie liefen los, um die Jünger von Jesus zu suchen. Die Frauen fanden die Jünger und erzählten ihnen: „Jesus lebt!"

Zuerst glaubten die Jünger den Frauen nicht. Darum rannten sie zum Grab und sahen, dass es leer war. Vielleicht lebte Jesus ja wirklich? Es schien zu schön, um wahr zu sein – doch bald wurde ihnen klar, dass es tatsächlich stimmte! Denn Jesus kam und sprach mit allen seinen Jüngern. Sie waren so froh, ihn zu sehen, dass sie singen und tanzen und springen wollten. Jesus lebte!

UNTERWEGS MIT EINEM FREMDEN

AUS LUKAS 24

Zwei Freunde von Jesus gingen von Jerusalem aus eine staubige Straße entlang. Sie waren unterwegs zu der kleinen Stadt Emmaus. Auf dem Weg sprachen sie über Jesus.

Plötzlich ging ein fremder Mann neben ihnen her. „Worüber sprecht ihr gerade?“, fragte der Mann die beiden.

Die zwei Freunde sagten zu dem Fremden: „Wir reden über Jesus! Hast du es nicht gehört? Er war tot, aber jetzt erzählen ein paar Leute, er sei am Leben. Das erscheint uns zwar unmöglich, aber könnte es doch wahr sein? Wir wissen es nicht!“

Jetzt hatte der fremde Mann eine Frage an sie: „Warum ist es so schwer zu glauben, dass Jesus lebt? Die ganze Bibel spricht von Jesus. Dort steht: *Er muss für all das Böse sterben, das wir getan haben, aber dann wird er wieder lebendig werden.* Das war Gottes Plan.“

Als die Männer in Emmaus ankamen, baten die zwei Freunde den Fremden, bei ihnen zu bleiben. Sie setzten sich hin und aßen gemeinsam zu Abend. Der Fremde nahm etwas Brot und dankte Gott dafür. Dann brach er es in Stücke und gab es ihnen.

Die Männer sahen ihn überrascht an. Genau das hatte Jesus immer getan.

Plötzlich war der Fremde verschwunden! Das war ja gar kein Fremder gewesen! Dieser Mann war *Jesus*! Die zwei Freunde waren so aufgeregt, dass sie vom Tisch aufsprangen und schnell nach Jerusalem zurückliefen. Dort fanden sie die Jünger und erzählten ihnen, was passiert war.

Alle waren froh. Ja, Jesus lebte!

JESUS GEHT IN DEN HIMMEL

AUS MATTHÄUS 28 UND APOSTELGESCHICHTE 1

Nachdem Jesus auferstanden war, sprach er zu vielen von den Menschen, die ihn lieb hatten und mit ihm lebten. Er erzählte ihnen noch mehr von Gott. Und er sagte: „Geht überall hin und sagt allen Menschen, wie lieb Gott sie hat. Helft ihnen, mit Gott zu leben."

Jesus befahl seinen Jüngern auch, für eine Weile in Jerusalem zu bleiben. Er sagte: „Ich werde euch den Heiligen Geist schicken." Der Heilige Geist hilft uns, mit Gott zu leben und so zu leben, wie es Gott gefällt.

Nachdem Jesus das gesagt hatte, betete er für seine Jünger. Und dann schwebte er vor ihren Augen in den Himmel! Er kam in eine Wolke und verschwand. Daraufhin erschienen zwei Engel und fragten die Jünger: „Warum schaut ihr zum Himmel hoch? Jesus ist in den Himmel gegangen, aber eines Tages wird er zurückkommen."

Die Jünger gingen nach Jerusalem zurück und warteten auf den Heiligen Geist. Sie waren froh, weil sie wussten, dass Jesus eines Tages zurückkommen würde, um bei ihnen zu sein.

ICH WILL MIT JESUS LEBEN

Jesus starb für unsere Sünden und wurde dann wieder lebendig. Er hat uns lieb und vergibt uns unsere Sünden. Das ist eine gute Nachricht!

Jesus sagte seinen Jüngern, dass sie diese gute Nachricht der ganzen Welt weitersagen sollen. Er sagte ihnen, dass sie *allen Menschen* von ihm, von seiner Liebe und seiner Vergebung erzählen sollen. Stell dir mal vor, das kannst du auch! Du kannst anderen erzählen, wie lieb Jesus sie hat.

Jesus ist jetzt im Himmel, aber er hat seinen Heiligen Geist geschickt, damit wir so leben können, wie es Gott gefällt.

Und eines Tages werden wir bei Jesus im Himmel sein.

Lieber Jesus, ich bin so froh, dass du lebst! Danke, dass du mich lieb hast und mir vergibst. Und danke für deinen Heiligen Geist, der mir helfen wird, mit dir zu leben. Amen.

PFINGSTEN

Es ist ganz schön schwer, wenn du auf Weihnachten oder deinen Geburtstag wartest, oder? Du weißt, dass du Geschenke bekommen wirst, und dass sie dir bestimmt gefallen werden, deshalb bist du schon total aufgeregt. Warten ist so schwer!

Es macht sehr viel Spaß, wenn du dann endlich deine Geschenke auspacken darfst. Du kannst dich über neue Spielsachen freuen, neue Kleidung anziehen und neue Spiele spielen.

So schön wie diese Geschenke auch sind – Jesus hatte ein noch besseres Geschenk für die Menschen, die mit ihm lebten. Als Jesus in den Himmel zurückging, versprach er seinen Jüngern, dass er ihnen das beste Geschenk aller Zeiten schicken würde: den Heiligen Geist.

Alle wurden mit dem Heiligen Geist erfüllt und fingen auf einmal an, in fremden Sprachen zu reden.
Apostelgeschichte 2,4 NEÜ

DER HEILIGE GEIST KOMMT HERUNTER

AUS APOSTELGESCHICHTE 2

Ein paar Tage nachdem Jesus in den Himmel gegangen war, waren die Jünger zusammen in einem Raum. Sie warteten auf den Heiligen Geist. Gott wollte ihnen den Heiligen Geist schenken, damit sie mit seiner Hilfe so leben konnten, wie es Gott gefällt.

Zisch! Die Jünger hörten ein lautes Geräusch. Es klang wie der Wind, aber das war ja Unsinn. Schließlich waren sie drinnen im Haus. *Zisch!*

Plötzlich erschienen kleine Feuerflammen über ihren Köpfen. Dann fingen sie alle an, in anderen Sprachen zu sprechen – in Sprachen, die sie nie gelernt hatten!

Der Heilige Geist war gekommen, genau wie Jesus es versprochen hatte!

Draußen hörten alle Menschen dieses Geräusch und liefen herbei, um zu sehen, was dort los war. Manche waren aus anderen Ländern. Sie konnten deshalb die Sprachen verstehen, die die Jünger sprachen. Sie waren sehr überrascht, als sie hörten, wie die Jünger in ihrer eigenen Sprache davon redeten, wie gut Gott ist.

Petrus sah, wie überrascht die Menschen waren. Er fing an, zu allen zu sprechen, die sich dort versammelt hatten. „Freunde und Nachbarn! Wir sind nicht verrückt! Wir haben Gott lieb und Gott hat uns seinen Heiligen Geist geschickt und uns mit seiner Liebe und Kraft erfüllt. Gott will, dass ihr erfahrt, wie lieb er euch hat. Mit ihm sollt ihr leben und er will auch bei euch sein!" Die Menschen hörten Petrus zu. Noch am selben Tag entschieden sich dreitausend Menschen dafür, mit Jesus zu leben.
Das war ein toller Tag!

ICH WILL MIT JESUS LEBEN

Als der Heilige Geist kam, freuten die Menschen sich sehr. Sie hatten so lange auf Gottes Kraft, seine Freude und Liebe gewartet und jetzt war der Heilige Geist auf einmal da!

Du kannst den Heiligen Geist nicht sehen, aber mit seiner Hilfe kannst du mit Gott leben und so leben, wie es ihm gefällt. Durch den Heiligen Geist ist Gott jetzt immer bei dir, egal wo du gerade bist. Er ist da, um dir zu helfen, um dich zu leiten, um dir Kraft zu geben und um durch dich Erstaunliches für Gott zu tun.

Lieber Jesus, danke, dass du mir den Heiligen Geist geschenkt hast. Er wird mich leiten und mir Kraft geben, damit mein Leben dich fröhlich machen kann. Amen.

DIE ERSTE GEMEINDE

Stell dir vor, du spielst gerade mit deinem Lieblingsspielzeug. Dann kommt ein Freund vorbei, sieht dein Spielzeug und sagt: „Darf ich auch mal damit spielen?"

Was tust du? Würdest du teilen?

Teilen ist manchmal ganz schön schwer. Aber wenn wir teilen, können wir anderen damit Gottes Liebe zeigen. Außerdem findet Gott es toll, wenn du großzügig bist und mit anderen teilst. In der nächsten Geschichte sehen wir, wie die Menschen, die mit Jesus leben, lernen, einander zu lieben und großzügig zu sein.

Die Gläubigen trafen sich jeden Tag im Tempel. Sie alle hatten dasselbe Ziel. Sie brachen das Brot in ihren Häusern und teilten ihr Essen mit fröhlichem Herzen.
Apostelgeschichte 2,46

DIE ERSTEN JESUS-NACHFOLGER

AUS APOSTELGESCHICHTE 2

Tausende von Menschen glaubten an Jesus und lebten mit ihm. Sie wussten, dass er Gottes Sohn war und für ihre Sünden gestorben war. Und sie wussten auch, dass er wieder lebendig geworden und jetzt im Himmel war.

Die Jünger von Jesus leiteten diese Jesus-Nachfolger. Sie taten viele Wunder, weil der Heilige Geist ihnen Kraft gegeben hatte. Alle Menschen, die mit Jesus lebten, hörten jetzt auf die Jünger, die den neuen Nachfolgern mehr über Gott beibrachten.

Die Menschen, die mit Jesus lebten, hießen Christen. Sie hatten einander lieb und sie aßen und beteten zusammen und redeten miteinander über Jesus. Diese Christen waren auch sehr großzügig und teilten alles miteinander.

Sie kümmerten sich umeinander. Diese große Gruppe von Christen wurde *Gemeinde* genannt. Viele Menschen, die keine Christen waren, sahen, dass die Christen viel Gutes taten – manchmal auch für Menschen, die sie noch nicht einmal kannten. Manche von ihnen entschieden sich, auch Christen zu werden. So wurde die Gemeinde immer größer und größer.

Einige der jüdischen Anführer fanden es gar nicht gut, dass die Gemeinde so stark wuchs. Sie waren gemein zu den Christen und warfen manche von ihnen sogar ins Gefängnis.

Aber Gott half der Gemeinde und den Menschen, die mit ihm lebten, und so wuchs die Gemeinde immer weiter.

Die Christen predigten in Jerusalem und in anderen Städten und sogar in *anderen Ländern* über Jesus. Und so erfuhren Menschen in vielen verschiedenen Ländern davon, dass Jesus sie lieb hat.

ICH WILL MIT JESUS LEBEN

Der Heilige Geist half den ersten Christen dabei, voll von Gottes Liebe zu sein. Und weil sie einander lieb hatten, teilten sie miteinander. Gott freute sich darüber. Es gefällt ihm, wenn wir teilen und großzügig zueinander sind.

Denk mal an deine Familie und deine Freunde. Was kannst du tun, um großzügig zu ihnen zu sein? Mit wem willst du deine Sachen teilen?

Gott will dir dabei helfen, andere so lieb zu haben, dass du gerne mit ihnen teilst. Wenn du großzügig zu anderen bist, fühlen sie sich wichtig und geliebt. So verstehen sie auch immer besser, wie lieb Gott sie hat.

Danke, Jesus, dass du mich so sehr lieb hast und dich um mich kümmerst. Ich will mit anderen teilen, damit sie deine Liebe auch spüren können. Hilf mir, andere lieb zu haben und großzügig zu ihnen zu sein. Amen.

PETRUS LEITET DIE GEMEINDE

Weißt du noch, was Petrus tat, als Jesus verhaftet wurde? Er hatte solche Angst, ins Gefängnis zu kommen, dass er log. Petrus behauptete sogar, dass er Jesus gar nicht kannte! Und das machte Petrus richtig traurig.

Petrus war nicht perfekt. Er war ein ganz normaler Mensch, so wie du und ich. Manchmal treffen wir falsche Entscheidungen, die uns traurig machen. Aber bei Petrus veränderte sich etwas. Der Heilige Geist erfüllte ihn und er wurde ein mutiger Prediger, der jedem von Gottes Liebe und Kraft erzählte! Das Gleiche kann auch mit uns passieren.

In den nächsten Geschichten sehen wir, wie Petrus Menschen beibringt, dass Gott jeden lieb hat. Wir sehen auch, dass Gott mit Petrus' Hilfe erstaunliche Dinge tut. Gott will, dass wir den Menschen von seiner Liebe erzählen und mit ihm zusammenarbeiten, um erstaunliche Dinge zu tun.

Dann wird er die ersehnte Zeit der Ruhe anbrechen lassen und wird euch den senden, den er zu eurem Retter bestimmt hat – Jesus, den Messias.
Apostelgeschichte 3,20 NGÜ

FREUDENSPRÜNGE

AUS APOSTELGESCHICHTE 3

Eines Tages gingen Petrus und Johannes zum Beten in den Tempel. Dort sahen sie einen Mann, dessen Beine nicht richtig funktionierten. Er konnte nicht laufen, darum saß er immer am Tor und bettelte die Menschen um Geld an. Als er Petrus und Johannes sah, bat er auch sie um Geld.

Petrus schaute den Mann an und sagte: „Sieh uns an!" Der Mann schaute nach oben, weil er dachte, Petrus würde ihm Geld geben.

Petrus sagte: „Ich habe kein Geld. Ich habe etwas viel Besseres, das ich dir geben möchte. Im Namen Jesu, sei geheilt und geh umher!" Dann nahm er den Mann bei der Hand und half ihm aufzustehen.

Als der Mann aufstand, wurden seine Beine geheilt! Dann ging er umher. Und dann begann er, auf und ab zu springen und Gott zu loben!

Alle Menschen, die zusahen, waren erstaunt. Sie konnten es kaum glauben, als sie sahen, wie der Mann herumlief und sprang. Das war wirklich ein Wunder!

Während die Leute dastanden und über das, was sie gesehen hatten, staunten, erzählte Petrus ihnen von Jesus. Er sagte ihnen: „Gott hat euch seine Liebe geschenkt. Und er zeigte sie euch dadurch, dass er seinen einzigen Sohn die Strafe für eure Sünden tragen ließ. Glaubt an ihn!" Viele Menschen glaubten und fingen an, mit Jesus zu leben.

DIE GUTE NACHRICHT GILT JEDEM

AUS APOSTELGESCHICHTE 10

Kornelius war ein römischer Soldat, der Gott lieb hatte, aber er wusste nichts von Jesus. Eines Nachmittags erschien ihm ein Engel. Der Engel sagte: „Kornelius, mach dich auf die Suche nach einem Mann namens Petrus; er hat dir etwas Wichtiges zu sagen." Kornelius sandte also Botschafter aus, um Petrus zu suchen. Bevor sie Petrus fanden, hatte Petrus etwas, das man eine Vision nennt. Es ist wie ein Traum, nur dass man dabei nicht schläft. Er sah ein riesiges Tuch am Himmel, das voll war mit allen möglichen Tieren. In dieser Vision

sagte Gott zu Petrus, er solle die Tiere essen. Petrus wusste, dass dies gegen die Regeln war, die Gott den Juden gegeben hatte.

„Aber, Gott", sagte Petrus, „eigentlich darf ich die nicht essen." Gott sagte: „Wenn ich sage, dass etwas in Ordnung ist, dann ist es in Ordnung." Dann war die Vision zu Ende. Petrus war durcheinander. *Was hatte Gott damit gemeint?*

In diesem Augenblick tauchten Kornelius' Leute auf. Sie wollten Petrus zum Haus von Kornelius mitnehmen. Aber es gab ein Problem. Sie waren nämlich keine Juden, darum dachte Petrus, er dürfe nicht mit ihnen reden.

Dann sagte Gott zu Petrus: „Genau das hat deine Vision bedeutet: Ich sage, dass es in Ordnung ist, mit ihnen zu sprechen, und somit ist es in Ordnung! Und ich möchte, dass du *jedem* von Jesus erzählst, nicht nur den Juden. Die gute Nachricht gilt für jeden auf der ganzen Welt!"

Petrus ging also zu Kornelius nach Hause und erzählte ihm und allen anderen, die in seinem Haus lebten, die gute Nachricht von Jesus.

ICH WILL MIT JESUS LEBEN

Petrus lernte, dass Gott jeden Menschen auf der Welt lieb hat. Die Menschen, die in unserer Nähe leben, und die Menschen, die weit weg leben. Die Menschen, die uns ziemlich ähnlich sind, und die Menschen, die anders sind als wir. Und Gott liebt auch dich und mich! Gott kannte unsere Namen sogar schon, bevor wir geboren wurden. Schon damals dachte er darüber nach, wie er uns seine Liebe zeigen würde. Gott gab Petrus und vielen anderen den Auftrag, die gute Nachricht von Jesus weiterzuerzählen. Wie zu Petrus' Zeiten wissen auch heute viele Menschen nichts über Jesus. Wir können ihnen helfen! Wir können ihnen alles darüber erzählen, wie lieb Gott sie hat.

Danke, Jesus, dass du mich schon lieb hattest, als ich noch gar nicht geboren war. Hilf mir, anderen die tolle Nachricht von deiner Liebe weiterzuerzählen. Amen.

PHILIPPUS

Wenn ich von etwas begeistert bin, kann ich es kaum erwarten, anderen davon zu erzählen. Wenn wir zum Beispiel in den Ferien ans Meer fahren, erzähle ich jedem davon. Oder wenn ich mir tolle neue Kleidung kaufe, zeige ich sie allen, die ich treffe. Oder wenn meine Lieblings-Fußballmannschaft gewinnt, erzähle ich allen davon – tagelang! Du machst das vielleicht auch so. Wenn wir uns über etwas freuen und glücklich sind, wollen wir anderen davon erzählen.

Diese Geschichte handelt von einem Mann, der sich so sehr über die gute Nachricht von Jesus freute, dass er jedem davon erzählen wollte.

Da begann Philippus bei dieser Schriftstelle und erklärte ihm die gute Botschaft von Jesus. Apostelgeschichte 8,35 NLB

PHILIPPUS UND DER PFERDEWAGEN

AUS APOSTELGESCHICHTE 8

Philippus war ein Jesus-Nachfolger und erzählte anderen Menschen gerne von Jesus. Eines Tages erschien ihm ein Engel. „Philippus, geh weg aus Jerusalem und mach dich auf den Weg, der durch die Wüste führt."

Philippus hörte darauf. Als er so ging, sah er, wie ein Pferdewagen die Straße entlangkam. Gott sagte zu Philippus: „Geh zu diesem Wagen." Philippus lief auf den Wagen zu. Als er näherkam, konnte er hören, wie ein Mann sich selbst aus der Bibel vorlas.

„Verstehst du denn, was du da liest?", fragte Philippus.

„Nein!", sagte der Mann. „Eigentlich finde ich das ziemlich verwirrend. Jemand muss mir das erklären." Er bat Philippus, zu ihm auf den Wagen zu steigen und ihm dabei zu helfen, die Bibel zu verstehen. Philippus begann damit, dem Mann zu erzählen, was in der Bibel über Jesus steht. Der Mann war so begeistert von der Nachricht, dass Jesus ihn liebt, dass er sofort Christ wurde und sich taufen ließ.

Dann verschwand Philippus! Gott nahm ihn weg und schickte ihn in eine andere Stadt, wo er noch mehr Menschen von Jesus erzählte. Der Mann im Pferdewagen konnte wahrscheinlich noch nicht einmal Tschüss sagen. Aber er war sehr froh, dass Philippus ihm erzählt hatte, dass Jesus ihn liebte.

ICH WILL MIT JESUS LEBEN

Philippus war froh, Gott zu kennen. Wenn er jemanden traf, der die gute Nachricht brauchte, dass Gott ihn lieb hat, erzählte er demjenigen davon.

Wenn du jemanden siehst, der traurig ist oder Hilfe braucht, kannst du sagen: „Wusstest du schon, dass Jesus dich lieb hat? Er will dir helfen. Darf ich für dich beten?"

Gott möchte Menschen durch dich zeigen, dass er sie lieb hat. Wenn er dir die Gelegenheit dazu gibt, sei bereit, von der guten Nachricht zu erzählen.

Jesus, ich hab dich lieb.
Und ich will anderen erzählen,
wie lieb du sie hast und wie sie
dich kennenlernen können.
Hilf mir, immer dazu bereit zu sein,
über dich zu sprechen. Amen.

PAULUS – GOTTES BOTSCHAFTER

Ich rede gerne. Ich rede wirklich gerne. Und vielleicht – nur vielleicht – rede ich auch zu viel. Ein paar Mal habe ich Dinge gesagt, die ich für richtig hielt, aber am Ende waren sie doch falsch.

Ist dir das auch schon mal passiert? Irgendwie ist das peinlich. Es ist nicht so leicht zu sagen: „Tut mir leid, ich hatte unrecht. Bitte vergib mir."

Diese Geschichten handeln von einem Mann, der dachte: *Ich weiß, wer Gott ist und was es bedeutet, mit ihm zu leben.* Aber dieser Mann hatte wirklich, wirklich Unrecht. Und als Gott ihm das zeigte, veränderte sich sein ganzes Leben.

Im selben Augenblick war es, als würden Schuppen von Saulus' Augen fallen: Er konnte wieder sehen! Saulus stand auf und ließ sich taufen. Apostelgeschichte 9,18 NGÜ

EINE STIMME VOM HIMMEL

AUS APOSTELGESCHICHTE 9

Immer mehr Menschen begannen, mit Jesus zu leben, und einigen jüdischen Leitern gefiel das nicht. Ein Mann, seine Name war Saulus, ärgerte sich ganz besonders über die Christen. Deshalb versuchte er, Christen zu finden und sie ins Gefängnis zu stecken.

Eines Tages beschloss Saulus, in die Stadt Damaskus zu gehen. Er wollte dort nach Christen suchen, die er verhaften konnte. Als er unterwegs war, strahlte plötzlich ein helles Licht vom Himmel herab! Saulus fiel zu Boden. Dann hörte er eine Stimme: „Saulus, warum behandelst du mich so schlecht?“ Saulus hatte große Angst! „W-w-wer bist du?“, fragte er.

„Ich bin Jesus“, sagte die Stimme. „Ich möchte, dass du mit mir lebst, anstatt mir wehtun zu wollen. Steh jetzt auf und geh nach Damaskus. Dort wird dir jemand helfen.“

Saulus stand langsam auf. *W-w-was war passiert?* Er konnte nichts mehr sehen. Saulus war auf einmal blind! Seine Freunde halfen ihm, nach Damaskus zu kommen.

Drei Tage später schickte Gott einen Christen namens Hananias zu Saulus, um für ihn zu beten. Gott heilte Saulus' Augen. Jetzt konnte er wieder sehen.

Und was noch besser war – Saulus wusste jetzt, dass Jesus ihn lieb hatte. Und er wusste, dass Jesus ihm vergeben hatte, dass er so böse zu den Jesus-Nachfolgern gewesen war. Dann bekam Saulus einen neuen Namen: Paulus. Paulus wurde ein wichtiger Leiter in der Gemeinde. Er erzählte vielen Menschen von Jesus.

EINE VERRÜCKTE SCHIFFSREISE

AUS APOSTELGESCHICHTE 27 – 28

Paulus und seine Freunde mussten nach Rom fahren. Sie gingen auf ein Schiff und segelten über das Meer. Als sie schon eine Weile unterwegs waren, kam ein heftiger Sturm auf! Der Wind heulte und die Wellen schlugen so heftig gegen das Schiff, dass die Seeleute dachten: *Das Schiff wird untergehen und wir müssen sterben.*

Der Sturm dauerte drei Tage. Viele hatten so große Angst, dass sie nicht einmal etwas essen konnten. An einem Tag sagte Paulus zu ihnen: „Letzte Nacht hat mir ein Engel gesagt, dass wir diesen Sturm überleben werden. Alle von uns werden am Leben bleiben, also seid tapfer! Gott wird auf uns aufpassen."

Nach einer Weile sah die Mannschaft Land. „Endlich sind wir in Sicherheit!" Doch bevor sie das Ufer erreichen konnten, lief das Schiff auf eine Sandbank und blieb dort stecken.

Die Wellen schlugen das Schiff in Stücke. *Knaaaack!* Alle sprangen vom Schiff und schwammen oder ließen sich an Holzstücke geklammert zum Ufer treiben.

Am Ende waren alle in Sicherheit – so wie Gott es Paulus gesagt hatte! Aber sie waren nass und sie froren. Um sich zu trocknen und zu wärmen, machten sie ein großes Feuer.

Plötzlich kam eine giftige Schlange aus dem Holz gekrochen und biss Paulus! Alle dachten: *Jetzt stirbt Paulus bestimmt.* Aber er starb nicht. Gott beschützte ihn wieder.

Als die Menschen auf der Insel dieses Wunder sahen, baten sie Paulus, für die Kranken zu beten. Er betete für viele der Menschen und Gott heilte sie. Paulus erzählte ihnen auch von Jesus. Zuerst sah es so aus, als sei der Schiffbruch etwas Schlimmes. Aber Gott beschützte alle, die auf dem Schiff gewesen waren, und brachte sie sicher an Land. Und dann sorgte er dafür, dass sie dort noch vielen anderen Menschen zeigen konnten, wie lieb Gott sie hat und wie er ihnen hilft.

EIN ERDBEBEN IM GEFÄNGNIS

AUS APOSTELGESCHICHTE 16

Manche Menschen ärgerten sich über Paulus und seinen Freund Silas, weil die beiden überall in den Städten und Dörfern so viel von Jesus erzählten. Diese Menschen gingen zur Polizei, um Paulus und Silas verhaften zu lassen. Die Polizisten waren nicht sehr freundlich. Sie schlugen Paulus und Silas, fesselten sie und sperrten sie ins Gefängnis. Mitten in der Nacht beteten und sangen Paulus und Silas zu Gott, und ihre Mitgefangenen hörten zu. Paulus und Silas vertrauten Gott. Sie waren sich absolut sicher: *Gott kümmert sich um uns.*

Plötzlich gab es ein gewaltiges Erdbeben! Das ganze Gefängnis wackelte, als würde es einstürzen. Die Gefängnistüren sprangen auf und alle Gefangenen waren erstaunt, dass die Ketten von alleine von ihren Händen und Füßen abfielen.

Als der Gefängniswärter sah, dass die Gefängnistüren weit offen standen, bekam er große Angst. Er dachte: *Bestimmt sind alle Gefangenen weggelaufen.*

Jetzt bekomme ich große Schwierigkeiten. Paulus rief ihm zu: „Alles in Ordnung! Wir sind alle noch da!" Der Gefängniswärter staunte darüber, dass sie nicht weggelaufen waren! Er fragte Paulus und Silas: „Was muss ich tun, um gerettet zu werden?" „Du musst gar nichts tun", sagten sie. „Glaube einfach, dass Jesus Gottes Sohn ist und dass er die Strafe für deine Sünden auf sich genommen hat, dann wirst du gerettet werden." Der Gefängniswärter und seine Familie glaubten an Jesus und beschlossen, mit ihm zu leben. Dann wusch der Gefängniswärter die Wunden von Paulus und Silas aus. Er nahm sie mit zu sich nach Hause und gab ihnen etwas zu essen. Er war so froh, dass er und seine Familie Jesus kennengelernt hatten.

ICH WILL MIT JESUS LEBEN

Bevor Paulus Jesus begegnet war, dachte er: *Gott liebt nur Menschen, die Gutes tun. Ich muss mich anstrengen und richtig gut sein, um in den Himmel zu kommen.*

Aber Paulus hatte Unrecht.

Jesus zeigte Paulus, dass Gott jeden Menschen liebt. Und er sagte Paulus, dass wir nicht deshalb in den Himmel kommen, weil wir gut sind. Wir kommen in den Himmel, weil wir glauben, dass Jesus Gottes Sohn ist und dass er für unsere Sünden gestorben ist.

Das ist die gute Nachricht von Jesus. Er liebt uns, ganz egal, was passiert. Er hat die Strafe für unsere Sünde auf sich genommen und möchte, dass wir dieses Geschenk von ihm annehmen und ihm dafür von ganzem Herzen Danke sagen.

Lieber Jesus, danke, dass ich mir Gottes Liebe nicht verdienen muss. Ich muss auch nicht perfekt sein, um in den Himmel zu kommen. Danke, dass du mir meine Sünden vergeben hast, damit ich mit dir im Himmel sein kann. Amen.

DER TRAUM VON JOHANNES

Wo auf der Welt würdest du hingehen, wenn du es dir aussuchen könntest? Meine Kinder würden sich wahrscheinlich für Disneyland entscheiden. Ich würde vielleicht an einen tollen Strand oder in eine riesige Stadt gehen, wo es ganz viel zu sehen gibt.

In der Bibel steht, dass es einen Ort gibt, der sogar noch besser ist als alle diese Orte. Dieser Ort wird Himmel genannt. Der Himmel ist Gottes Zuhause. Und weil wir Gottes Kinder sind, wird der Himmel auch irgendwann unser Zuhause sein.

In dieser Geschichte zeigt Gott einem Mann mit dem Namen Johannes, wie der Himmel sein wird. Und dort wird es wunderbarer sein, als wir es uns jetzt vorstellen können.

Jesus ist der Eine, der sagt,
dass diese Dinge wahr sind. Jetzt sagt er:
„Ja, ich komme bald!" Amen! Komm, Herr Jesus!
Offenbarung 22,20

DER HIMMEL IST WUNDERSCHÖN

AUS OFFENBARUNG 22

Johannes war einer der Jünger von Jesus. Er erzählte vielen Menschen von Jesus. Manchen gefiel das nicht und sie wollten, dass Johannes damit aufhört. Darum sperrten sie ihn ins Gefängnis.

Das hielt Johannes nicht davon ab, Jesus zu lieben und zu beten. Eines Tages, als Johannes gerade betete, schenkte Jesus ihm eine Vision. Das ist so etwas wie ein Traum, bei dem man aber wach ist.

In der Vision sah Johannes vieles, was Gott in der Welt tun würde. Und Johannes hörte Gottes Versprechen, dass er sich immer um die Menschen kümmern würde, die ihn lieb haben und mit ihm leben.

Dann zeigte Jesus Johannes, wie der Himmel aussieht – und das war großartig! Alles im Himmel war wunderschön und perfekt. Die Straßen waren aus Gold. Jeder war glücklich. Niemand war krank oder verletzt, niemand weinte, niemand tat Böses und niemand musste jemals sterben.

Jesus sagte zu Johannes: „Ich werde bald auf die Erde zurückkommen! Sag allen: ‚Wartet auf mich, und in der Zwischenzeit helfe ich euch, so zu leben, dass ich mich darüber freue.'" Jesus zeigte Johannes, dass jeder Jesus Nachfolger für immer im Himmel leben wird. Der Himmel ist das allerbeste Zuhause und Gott hat ihn nur für uns gemacht!

ICH WILL MIT JESUS LEBEN

Mein Lieblingsort ist nicht Disneyland und auch nicht ein toller Strand. Mein Lieblingsort ist mein Zuhause. Ich bin gerne mit meiner Familie zu Hause. Findest du nicht auch, dass es echt schön ist, nach der Schule nach Hause zu kommen? *Aaaaahhhh…* Und so ähnlich wird sich auch der Himmel anfühlen – wie nach Hause kommen. Aber der Himmel wird besser sein als jedes Zuhause auf der Erde, weil Gott auch da sein wird. Er wird dafür sorgen, dass alles perfekt ist. Wir werden nie mehr traurig oder einsam oder verletzt sein. Der Himmel ist Gottes Geschenk für jeden, der mit Jesus lebt. Eines Tages werden wir alle dort für immer mit ihm und miteinander zusammenleben.

Lieber Jesus, ich freue mich darauf, im Himmel immer bei dir zu sein. Danke dafür. Ich liebe dich und ich freue mich, für immer mit dir zusammenzuleben. Amen.

Willst du mit Jesus leben?

Jesus liebt jeden von uns mehr, als wir uns je vorstellen könnten, obwohl alle von uns Fehler machen. Bist du damit einverstanden, dass er dich lieb hat? Freust du dich darüber und möchtest ihm deshalb dein ganzes Leben anvertrauen? Dann rede einfach mit ihm und sag ihm, dass du mit ihm leben willst. Das reicht. Und schon kann dein persönliches Abenteuerleben mit Jesus beginnen! Wenn du diese Entscheidung getroffen hast, dann geh los und erzähle es jemandem, der schon mit Jesus lebt! Er oder sie wird sich sehr für dich freuen und diesen Weg mit dir zusammen gehen.

Alles Liebe,
Judah & Chelsea